はじめに――人生は、7回裏からが面白い

２０２１年の8月で、おかげさまで僕は「喜寿」を迎えることになります。77歳です。「喜」という文字の草書体の形が「七十七」に見えることから、77歳で「喜の字祝い」といって長寿をお祝いする風習が室町時代の終わり頃に生まれたそうです。

この風習が庶民に根付いたのは、江戸時代になってからだといいます。還暦祝いに赤いちゃんちゃんこを昔は着せられたように、喜寿の祝いには、紫色の座布団や枕、扇などを送ってお祝いをするのが正しい風習だということですが、僕はそんなものはちっともほしくありません。平均寿命が30代だったといわれる江戸時代ならば、77歳は、それはそれは奇跡的な長寿としてお祝いもするべきだったでしょうが、今の世は人生１００年時代。還暦、緑寿、古稀、喜寿、傘寿、米寿、

卒寿、白寿、百寿と一体何回お祝いされなくてはならないのか。お祝いをしてくれる子どもや孫に「いい加減にしてくれ」と思われていたら、たまったものではありません。

そういえば、僕が古稀を迎えたときのこと。

長年付き合いのある御法川《みのりかわ》家の菩提寺・安立寺のご住職から、「古稀とは、中国の詩人・杜甫《とほ》が『70歳まで生きることは古来、稀《まれ》』と詠んだのが語源です。僧侶も、古稀を迎えると紫色の袈裟を身に着けて終わりを迎えます」というお話を伺ったことがありました。当時は70歳まで生きることはごく稀であったから、めでたかった。

住職の話を聞いたときは、「そうか。僕もそろそろ人生の幕引きを考えなければならないのかな……」と一瞬しおらしい気持ちにもなりましたが、そんな気分はすぐに霧散して、「よし、古稀なんだから、人生の再スタートを切らねばならないな」という前向きな気持ちになったことを覚えています。

あれから7年。確かに70歳のときと77歳の今では、体力はずいぶんと違ってきています。食欲も酒量も減ってきたようです。

しかし不思議なことに、気力はほとんど変わりません。

今の僕は、「よし、喜寿という喜ばしい年に、人生の再スタートを切るぞ」という気分です。そして喜びを自分で独占するのではなく、仲間と分かち合えるような生き方に変わるのが、現代の喜寿かもしれません。

大好きなスポーツに喩えるならば、平均寿命が40〜50代で終わっていた明治時代までは、人生とは、テニスやバレーボールのような「3セットマッチ」「5セットマッチ」で終わるものでした。だけど今の時代、人生とは9回までゲームの続く野球のようなものだと思います。50代ならば、5回表裏。還暦でもまだ、ゲームは6回を迎えたところ。僕は今年77歳だから、人生の7回裏なんです。

面白いゲーム、印象に残るゲームとは、終盤戦がいかにドラマチックだったかにかかっています。8回表での大量得点もあれば、9回裏でのさよならゲームもある。あわよくば、延長戦11回まで試合がもつれ込むこともある。だから、21世紀の今を生きる僕たちが、70代、80代だからといって「人生の幕引き」を考えてばかりでは勿体ない。

自分の人生を監督するのは、ほかならぬ自分自身です。名監督だったかどうかは、後になって他人が評価すればいいだけのことで、思う存分、試合に挑むのみ。

昨今、テレビや新聞、週刊誌さえも、「終活、終活」と、人生の終わりを考えなさいという特集が増えて、ここだけの話、僕はいささか食傷気味です。「終活」の二文字を見ると、げんなりとしてしまいます。それなのに本屋さんを覗いても、シニア向けの本は、そういう趣旨のものばかり。死ぬことを考えないヤツは、馬鹿だとでも言いたげな見出しが躍ります。

そんなに死ぬことばっかり考えて楽しいの？

つい毒づく自分がいます。老後だからこそ、毎日毎日、楽しいことを考えて生きていたいと思いませんか？　そのほうが絶対に若々しくいられますし、それに、7回や8回の試合中に、ゲームセットのことばかり想像している監督はいないでしょう？「早く試合を終わらせて、風呂に入って寝たいなあ」とベンチでぼんやりしていたら、即座に監督失格です。

あと何点取れるか。あと何球投げられるか。人生の珍プレー好プレーはまだまだこれから。否、いよいよ、これから。そんな想いから、この本を書いてみます。

2021年　夏

みのもんた

目次

第二章　妻を失ってからの人生

第一章　男の引き際は、人それぞれ

還暦を過ぎて初めて気がついた仕事の楽しさ

16本。僕が一番がむしゃらに働いていた頃のレギュラー番組の数です。

もっとも仕事が多かった時期で、週に朝6本。昼に5本。そこに特番といわれる2〜3時間番組の司会が1クール（3ヵ月）に数本、それ以外にも週2〜3回ゲストに呼ばれていました。2006年と2008年には「1週間でもっとも長時間テレビの生番組に出演する司会者」として、ギネス記録も更新しました。このときの記録は22時間15秒。1週間のうちほぼ丸一日、テレビに出て喋っていました。我ながらよくやっていたよなぁと感心します。

どうやらこの記録は、一昨年（2019年）、ロシアで4つの番組の司会を務めるソロビエフ氏という男性によって塗り替えられたと聞きます。ソロビエフ氏の記録は25時間53分57秒で、彼は「ロシアのみのもんた」と呼ばれているとか、いないとか……。いずれにせよ、僕の記録を更新したのが日本人ではなくロシア人だということが、なかなか興味深いです。一度お会いして、ウォッカで乾杯したいですね。

「みのさん、なぜそんなに働くの?」と、当時はよく訊かれたものです。

訊かれるたびに「楽しいからですよ」と僕は答えていました。そうするとたいていの人は、「いやいや、そんなこと言っても、本音はお金のためでしょう? そんなに稼いでどうするの」と納得のいかない顔をしていました。でも、本当に楽しかったんです。人間のモチベーションとは、人が思うよりも、実はずっと単純なもの。

楽しいか。楽しくないか。気持ちいいか。気持ちよくないか。

だから僕は、どんな仕事を引き受けるときも、「思う存分、楽しもう」と決めて挑んでいたところがあります。楽しもうと思うことで、人間は、仕事に本気でぶつかることができる。

1987年から20年間も続いた『午後は○○おもいッきりテレビ』にしたってそうです。番組名に恥じないよう、僕は毎回、おもいっきりぶつかりました。たとえば「次の特集はショウガです」と言われれば、放送前に自分でショウガの効果について勉強をして実際に試してみました。そうしないと「うん、確かにこれは身体にいいぞ!」という実感がわきません。実感がないものをテレビで薦めることは、僕にはできませんでした。視聴者を侮《あなど》ってはいけません。みのもんたが本気でショウガがいいと言っている！　と思われなければ、次回から信じてくれなくなる。

仕事において、説得力と楽しむことはセットであるはず。

つまり、「楽しむ」ことが、仕事を継続させるカギなのです。

僕が本気で仕事を楽しいと思えたのは、今振り返れば、還暦を過ぎてからのことでした。もちろんそれまでも、本気でぶつかってはいたのですが、50代までは視聴率や人気取りに振り回されていたのです。

平安時代、富と権力を我が物にした藤原道長《ふじわらのみちなが》が詠んだ、かの有名な和歌、「この世をば　わが世とぞ思ふ　望月の欠けたることもなしと思へば」――恥ずかしながら、この心境そのままだった時代もあります。今、この歌を口にしてみると、藤原道長はなんとも無邪気で幼い男だったのだなあと哀れにも感じます。

富や名声……いったん人気に火がつくとその特権たるや、あまりにも魅力的なため手放すことが怖くなり、自分の人気に自分でひれ伏してしまうのです。

周囲からどんなふうに思われているのか、視聴者に対しても、「自分をよく見せたい」という気持ちが先に立ってしまい、偽善者となっていく。すると言いたいことを言えなくなってしまう。それでは自分が本気で仕事にぶつかっていることにはなりません……僕も以前はそうでした。しかし、還暦を過ぎたあたりから、周囲の目が気にならなくなりました。

「人生は有限だ。これからは、自分が本当に言いたいことを言葉にしよう。それで干されたとしても構うものか」

こう思った瞬間、肩の力が抜けて、心から仕事が楽しめるようになりました。

一度覚悟を決めてしまえば、さんざん自分が振り回されてきた視聴率や、世間からの評価がほとんど気にならなくなるから不思議なものです。

そして、その覚悟ができてからのほうが、視聴者の気持ちが手に取るようにわかりました。仕事に大切なのは、人気よりも、本気です。

本気になれば、人気は後からついてきます。楽しさも、どんどん実感できます。

しかし、この境地に至るまでは、長い長い時間が必要なのです。

だからこそ、仕事は還暦からが面白かった。人によってはそのターニングポイントが65歳だったり、75歳だったり。歳をとるというのは、人生の最高の教科書だと今は思っています。過去の自分が教えてくれるのです。

歳をとったら、人のいいところばかりを見て生きる

もうひとつ、歳をとってからのほうが仕事が楽しくなった理由が、人間関係の変化でした。どんな職業であれ、仕事はひとりではできません。仕事が楽しいと思えることの前提として、人との関係が楽しくなければ始まらないのです。

若い人から、よくこんな相談を受けます。

「実は、あの人と仕事をするのが、辛いんですよ」

「どうして?」と僕が訊ねると、たいていの人はこう返してきます。

「絶対にあの人、僕のこと嫌いだから……」

若い人だけではないですね。歳をとって自信がなくなってくればくるほど、相手が自分のことを好きでいてくれているのか、それとも嫌いなのかが気になるよ

うです。これは仕事だけではなく、家族関係でも同じこと。

「上の孫は私のことを好きみたいだから可愛いのだけれど、下の孫はどうも私のことが嫌いなようだから、お年玉はあげたくないね」

「妻はどうやら、私のことを嫌っているようなんだ。寝室を別々にしたいなんて言ってきて、ショックを受けたよ」

などと、70歳を過ぎた名誉も肩書もある男性が、銀座でホステスさんに向かって真顔で愚痴を言っているのを見るとなんだかおかしくなります。自分の人気ばかり気にして生きてきたゆえの心の弱さなのでしょう。


人間は、コミュニケーションの動物。人と喋っていて「この人は僕のことを信用してくれているな」とか、「この人は、俺に敵意を持っているな」と感じるのは、自分を守るための本能的なものではあるでしょう。

しかし僕は、あるときからそういう本能を捨てました。誰かが自分のことを好きか嫌いか、こちらが悩んだところで、まったく意味がないからです。努力をしたところで、すべての人に好かれることなんて絶対にありえません。恋愛に置き換えればわかりやすいかもしれませんが、人間の心だけは、どうにもならない。

数年前に『嫌われる勇気』という本がベストセラーになりました。今から100年ほど前に活躍したアルフレッド・アドラーという心理学者の言葉を再構築した本らしいのですが、「この本に書いてることがみのさんの言っていることと同じですよ」と教えてくれた人がいました。

僕たちの人生には、さまざまな苦しみが待ち受けています。

しかしアドラーによれば、その苦しみの原因はすべて対人関係にあるというのです。「人から認められたい。好かれたい」という承認欲求を満たすために、人間は自分の意にそぐわない行動をせねばならず、その不自由さに苦しむのだと。だからアドラーは、その苦しみから抜け出すためには「嫌われる勇気」を持つしかないと言い切ります。

アドラーの本が、日本でこの時代にベストセラーになるということ自体が、誰もが人間関係に苦しんでいる証拠ではないでしょうか。


しかし僕の考えは、似ているようでまったく逆かもしれません。

僕は、彼のように「嫌われる勇気」を提唱しているわけではないのです。僕は人間が好き。あまり好き嫌いが激しいタイプではありませんが、仕事柄、若い頃は人一倍、人の目を気にして仕事をしていたことは間違いありません。しかし先にも言ったように、それに振り回されてしまうと、自分の言いたいことが言えず、思うように行動できなくなってしまいます。

だから、ある頃から考え方を変えたのです。

自分にかかわってくださるすべての人に対して、「この人、僕のことが好きかもしれない」と考える。

そう、大いなる勘違いでいいのです。よく言えば、「おめでたい人」になりました。あの吉永小百合さんと会ってお話ししたときさえも、「あれ？　吉永さんて、僕のことが好きなのかもしれない」と思ったほどです。ずうずうしいでしょうか？

しかしこの勘違いが、歳をとればとるほどプラスに働いてくれるのは、僕の経験上、間違いがありません。

人は、どんな人のことを好きになるか知っていますか？

答えは単純、老いも若きも「自分のことを好きな人」のことが好きなのです。

モテる男性が、なぜモテるのか？　それは、いろんな女性に「君は可愛いね。大好きだよ」と声をかけまくっているからモテるのです。

僕の場合、相手は自分のことを好きに決まっていると「勘違い」して生きるようになってからは、日々の些末な悩みが消えていきました。

脳の仕業かどうかはわかりませんが、歳をとると少し被害妄想的になり、卑屈になる人が増えてきます。「どうせ俺なんて……」「どうせ私なんか……」。そう感じて心を閉ざしてしまうのは勿体ないことです。

相手のいいところばかりを見て、相手を褒める。すると相手も自分のことを好きになる。それだけで、人生の大半の悩みが消えるならこんなに楽しいことはありません。

元気に挨拶ができるうちは、仕事ができる

僕が仕事の現場で一番大切だと思うこと。それが「挨拶」です。

『朝ズバッ！』をやっていた頃のことをときどき思い出します。

2005年から放送を開始したこの番組は、毎朝午前5時30分からの生放送でしたから、1時間前には赤坂にあるTBSのスタジオに入っていました。午前4時台といえばテレビ業界にとってはまだ深夜帯。冬場であれば空も真っ暗で、日本中が深夜の時間帯です。

テレビ局のロビーのソファには、本番前にグッタリと横になっている若いスタッフもちらほらいます。それでも僕は必ず「おはよう！」と大きな声で自分から

挨拶しました。

誰よりも大きな声で挨拶をしよう。

それが、僕がこの業界に入ったとき、自分に課したルールでした。

僕の「おはよう！」に、チーフディレクターが「おはようございます！」と大きな声で返してくれる。他のスタッフも続けて「おはようございます！」と、挨拶がスタジオ中にこだましていく。これは実に気持ちのいいものでした。この一言で、スタジオ全体の空気が一気に活気づくのです。

それまで、ＴＢＳは朝のワイドショーで、他局に押されてなかなか視聴率を取れなかったのですが、『朝ズバッ！』が、そのジンクスを覆《くつがえ》して視聴率１位を取れたのも、この「おはよう！」の伝播によるところが大きかったのではないでしょうか。

ＳＮＳの台頭によってコミュニケーションの方法が変容しつつある今、老いも若きも挨拶がおざなりになっています。今は皆さんマスクをしていますから、よけいにそうです。しかし、挨拶がきちんとできない人間は、絶対に仕事もきちんとできません。

逆に考えれば、元気に挨拶ができるうちは、仕事も元気にこなせるはずです。お腹から声が出なくなったり、人の目を見て挨拶をするのが面倒だと思うようになったら、それは年齢に関係なく、仕事の辞めどきなのかもしれません。

また、本当に仕事のできる人というのは、上下関係など気にしないものです。部下の「おはようございます」を無視して通り過ぎる上司はたいしたことがありません。「よう、おはよう。朝から頑張っているね！」と労《ねぎら》いの言葉のひとつもつけて返すのが、良い上司というものでしょう。

挨拶というと思い出すのが、昨年（２０２０年）8月に、惜しくも鬼籍に入られた僕の心の兄貴分、渡哲也さん（享年78）との出会いのこと。初対面は偶然でした。銀座のクラブです。僕はまだ40歳になるかならないかでした。

そのとき、僕より3つ年上だった渡さんはすでに大スターのオーラを放っていました。おそるおそる挨拶に伺うと、僕に気づいた渡さんはさっと席を立って「どうも！　渡です」と深々とお辞儀をされたのです。僕は驚いてしまい、思わず誰かいるのかと後ろを振り向いたほど。

ぺーぺーだった当時の僕が挨拶をしたところで、たいていの大物芸能人は、くわえ煙草のままだとか、ポケットに手を突っ込んだまま軽く会釈して終わり、ということが常でしたから。

渡さんの礼儀の正しさは、石原プロモーションの教育の賜物だったのでしょうが、僕はそのときから、渡哲也さんをお手本にしようと思いました。どんなに偉くなっても、挨拶だけは丁寧にやろうと。

だけど時は流れ、その数十年後、挨拶で大失敗をした経験があります。夏休みに家族でニューヨークに出かけたときのこと。日本の有名な甘味処がマンハッタンに店を出したと知り、訪れました。そこにレザーの黒いジャケット姿の女性がすっと入ってきて「あ、どうも」と日本語で僕に軽く会釈するのです。真夏なのに真っ黒のレザー姿という彼女の不思議なファッションに気を取られてしまい「どうも」と目も合わせずに軽く返しただけでした。

すると一緒にいた娘が「ジョン・レノンの奥さんじゃない?」と小声で僕に耳打ちします。慌てて店員さんに確認すると「ええ、彼女はオノ・ヨーコですよ」と。ああ、失敗した。ああ、やってしまった。これじゃあ、まるで偉ぶっている芸能人そのものじゃないか……。

その2ヵ月後、今度は東京のホテルのロビーで、ばったりオノ・ヨーコさんに遭遇しました。僕はすぐに声をかけ、「ニューヨークでは大変な失礼をしてしまいました」と頭を下げました。するとヨーコさんは「ああ、何を言ってるのよ」と、別に気にもしていない様子で、ほっとしたのです。

だけど僕は、もう二度とあんな傲慢《ごうまん》な挨拶はしないぞと考えて、戒《いまし》めのためにヨーコさんにサイン色紙を求めました。するとヨーコさんはなぜか、その色紙に「ニューヨークにて」と書いたのです。僕はそれを「あの日のことはちゃんと覚えているわ」というメッセージとして受け止めました。

声をかけられたなら、それが誰であっても、たとえ知らない人であっても、若い人であってもすっと椅子から立ち上がって深く会釈をすること。

僕が、渡哲也さんに初めて会ったときにそうされたように。

それができなくなったら、仕事の引き際を考える時期かもしれません。

世の義理を教えることも、年配者の仕事

挨拶がすべての基本。だからちゃんと挨拶しろ、なんて言ったら今の若い人はかえって反発するのでしょうね。今は「みのは相変わらずうるさいオッサンだなあ」と思われても、10年、20年と経った後で「ああ、あのオッサンの言っていたことは、これだったのか」とわかる日が必ずきます。そのときに「みののもんたって、実は真っ当なことを言っていたんだなあ」と思ってくれればそれでよし。

挨拶が、社会のすべての基本ですが、70歳を過ぎた人間として、若い人に義理と人情の大切さを教えることも、残された仕事のひとつかなあなんて思うときがありますね。

「義理」の「義」という文字は「義人」の「義」。

「義人」とは、我が身を顧みず、他人のために尽くす人のこと。

忠臣蔵の赤穂浪士、四十七士を昔は赤穂義士とも呼んだそうですが、義士も、義人と同じ意味です。では「理」という文字は何を意味するか。これは「理屈」の「理」からきています。「理屈」とはすなわち、あらゆる物事の筋道のこと。

つまり「義理」とは、わかりやすく言えば、人と人とがかかわるときに必要不可欠なルールのことなのです。

僕は「義理を立てる」という日本語が好きです。

お世話になっている相手の立場を立てること。

時には自分が損をする覚悟で相手を敬うこと。

かつては「義理と褌《ふんどし》欠かされぬ」（男が常に身に着けている褌のように、世間に対する義理は欠くことのできない大事なものだということ）とか、「親の恩より義理の恩」（親から受けた恩より、恩義を受けた人に報いるほうが先決だということ）なんていうことわざを日常で使っていたものですが、最近はとんと、こうした言葉を聞かなくなりました。

働き方改革や実力主義という言葉が先走りする今、義理を立てる暇があれば自分の時間を有効に使いましょうという考えが正当性を持ってきました。上司から誘われても、食事に行くことを拒否する人が増えたとか。

しかし義理を欠いたまま生きることは人間、できません。

大人のひきこもりや孤独死など「孤独」「孤立」が社会問題になり、イギリスに次いで日本でも孤独・孤立対策担当大臣が誕生して話題になっていますが、義理がなくなった社会だから、こういう問題が増えているのです。

果たして政治で人間の孤独は救えるのでしょうか。

人間は社会的動物です。昔から「義理が廃れればこの世は闇」とよく言われました。

今から30年前のこと『午後は○○おもいッきりテレビ』の司会を任された僕は、自宅のある逗子から東京まで毎日電車で通っていました。

もちろん当時はマネージャーなんていません。とはいえ、重い衣装があったから東海道線の新橋駅で降りて、そこから日本テレビのある麹町まではタクシーを利用していました。新橋駅は当時、タクシーが来ないことで有名でその日もさんざん待たされました。ようやく自分の番がきて、ほっとして乗り込むと、その運転手さんが「お客さん、みのもんたさん？」と声を掛けてくれました。そうですと頷くと、「ええ？　芸能人なのに自分で衣装を持っておひとりでタクシーを拾うんですか？　20〜30人のお連れがいるものかと……」と驚かれます。

「いやいや、それではバカ殿ですよ。僕は基本、移動はひとりです」と答えました。するとと運転手さんの表情が変わり、こう言うのです。

「みのさん、僕はいつもこの時間はだいたい同じ場所にいます。もし、新橋駅

であなたを見かけたら、明日からはあの角でクラクションを鳴らします。だから
いつでも呼んでください」

僕は単なる社交辞令と捉《とら》えて、軽く受け流しました。

しかし、それから数日後のこと。その日は、台風のような暴風雨でした。衣装が濡れないように必死に傘を持ちながら新橋駅でタクシーの行列に並んでいると、背後からクラクションの音がしました。振り返ると、なんとあの運転手さんでした。僕は列からはずれて、そのタクシーに駆け込みました。

「いいのかい?」と訊くと、「約束じゃないですか」と運転手さんは笑ってくれました。

プロとは何か? と若い人に教えるとき、僕はときどき、この運転手さんの話をします。

義理人情のないプロフェッショナルなど、所詮は二流なんですよとね。

義理を欠いたまま、人間は
生きてはいけない。
「義理が廃ればこの世は闇」
それを知っているのがプロ。

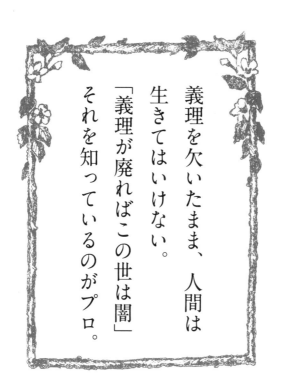

仕事のない日でも、腕時計をつける理由

ひとつのものに興味が湧くと、とことんこだわりたくなってしまう性格は、昔も今も、変わっていません。

若い頃は腕時計をコレクションするのが好きでした。

鎌倉の自宅には腕時計専用のガラスケースがあって、今もその中に百本以上の時計が出番を待ち構えてくれています。祖父の遺品で明治維新の頃のものもあれば、文化放送時代の深夜番組で景品に出した二束三文の時計もあります。

若い頃は、顔の濃さに負けないようにと、ずいぶん派手な時計をして番組に出たりもしていました。ウブロとかゼニスの逸品を妻と海外旅行に行くたびに買い

集めていた時期もあります。

確かに手入れは面倒ではあるけれど、一週間ごとに気に入った時計をつけるのは、もう長年の習慣です。値段に関係なく、どの時計も僕とともに人生の時間を刻んできた、いわば戦友のようなもの。とても愛着があるのです。

歳をとると時間や曜日の感覚が希薄になり、「ええっと、今日は何曜日だったっけなあ?」と呟くことも増えるでしょう。

だけど僕は、その日その日を明確に生きたいという想いから、今でも時計は外しません。


人間は、時間を追いかけている限り、若々しくいられるのではないか。

テレビの世界に長くいると、一秒の重みが身に染みます。

生放送の番組ではスタッフが僕の前で、終始「コマーシャルまであと○秒」とカンペを出しています。「今日はエンディングまであと15秒もあるの？　じゃあ、この話を差し込もう」などと咄嗟《とっさ》の判断でフリートークをするのが日常でした。「今日はあと5秒か。じゃあ番組の〆はこの一言かな」と、ほとんど脊髄《せきずい》反射で言葉が出ました。だからこそ、知っているのです。

一秒を大切にできない人は、一日を無駄にしてしまう。

仕事のない日はどこにも出かけずに、家で一日中パジャマ姿にボサボサ頭のままぼーっと過ごす。鏡を見ることもない、という人も多いのではないでしょうか。そのまま定年を迎えれば、人生ずっとパジャマのままになってしまいます。

コロナ禍で在宅勤務が増えたことによって、上半身だけはスーツのジャケットを着て、下はパジャマ姿、人によってはパンツ一丁でリモート会議に出席する、なんていうことも当たり前になってきたというから驚きます。人から見えなければ、どんな恰好をしてもいいという発想なのでしょうが、気持ち悪くはないのでしょうか？　頭隠して尻隠さず、ではないですが、たとえばいきなり宅急便が来て、不意に立ち上がったら下半身が画面に映ってしまうわけでしょう。まるでコントの世界です。

僕はそういうライフスタイルには、どうも抵抗があります。時計だけではありません。いつ何時も、起きているあいだは人に会える姿でいることで、緊張感が生まれて、それが自分自身にもいい刺激となるはず。

たとえば病院の待合室でも、会社の経営者や立派な肩書きをお持ちの方が、車に乗って病院に行くだけだからとジャージ姿。せめてジャケットを着て来られたほうが病院といえども前向きになり、検査の結果もいい数値が出るかもしれません。それに、美人の看護師さんがいたときも、素敵な恰好でいたほうが声をかけやすいでしょう（笑）。

テレビ局などの若い男性社員も、いい加減な身なりで出社する人が増えました。そういう人と仕事を組むときは正直、僕もテンションが上がりません。きちんとした恰好というのは、自分のためではなく、相手に対する敬意の表れだからです。粋《いき》な恰好をしている人は、やはり仕事も粋なものです。何も、高級なものを着なければダメだと言っているわけではありません。せめて、きれいな靴と腕時計。それだけでずいぶんと、男は粋に見えるものです。

戦後、民間人でありながら吉田茂ら政治家たちから頼りにされ、ＧＨＱと英語で渡り合い、平和条約の締結に貢献した白洲次郎さんなどは、今、当時の写真を見ても惚れ惚れするほどいい恰好をしています。隙も無駄もない着こなしです。それも彼の戦略だったのではないでしょうか。白洲さんは83歳まで生きられましたが（1985年没）、晩年の写真を見ても、だらしない姿で写っているものはひとつもありません。

先日亡くなられた俳優の田村正和さんも、いつもアルマーニで撮影現場に来て、衣装に着替えていたといいます。人に見られていないときでも「田村正和」であり続けるために、どれほどの努力をされていたのか。素晴らしいダンディズムでした。

歳をとったからこそ、「粋」な生き方を目指して

「粋」とは、もともと「意気」が語源で、「気合」を指す言葉でもあります。つまり、粋な生き方とは、気合が入った生き方にも通じるのです。

僕にとっては、出かけるときに腕時計をすることが、生きることの「気合」になっています。他にファッションで気をつけているのは、ジャケットのポケットを小銭やハンカチで膨らませないこと。これはスタイリストだった妻から「みっともないからやめて」と言われ続け、今でも守っているルールです。

とはいえ、見栄が邪魔して、ブランド物を借金してまで買うような生き方は「粋」ではありません。分相応を超えたファッションというのは、男性であっても、女性であってもかえって浅ましいものです。そういう人は、ブランドが好きなだけ

であって、センスは磨かれませんよ。

昔、僕が一番忙しかった頃、バカンスだけは妻とイタリアのシシリー島やサルジニア島で過ごしていた時代がありました。妻は旅行がてらメンズファッションを勉強し、僕に似合うネクタイやジャケットを街で探してくれました。

シシリー島やサルジニア島は、バカンスを楽しむヨーロッパ中の本物のお金持ちが集まる場所でした。そこで気がついたのです。あちらのお金持ちには、グッチやヴィトン、エルメスなど、わかりやすいブランドで全身を固めたような、歩く高級デパートみたいな人はひとりもいないということに。

皆さん品がよく、個性的ではあっても、それほど派手なファッションはしていません。長年使い込んだ、どこのブランドかわからないけれど、大変質の良さそうな生地のジャケットをさりげなく着こなしています。自分が気に入ったものを直しながら着続けることを良しとしています。そして、20人以上のお抱えクルーが乗り込む豪華客船をホテルのテラスから指さして、「あれが僕の船なんだ」とさりげなく言う。食事のときに、「このワインは僕のワイナリーで造ったものです。よかったら味見していただけませんか」と見ず知らずの日本人の僕にも振る舞ってくれる。そんな人がゴロゴロといるのです。

いやあ、粋なもんだなあ。

粋な生き方の定義は人それぞれでしょうが、自分のお金で「純粋な喜び」を体感できる人のことを粋というのではないかな、と僕は考えています。

そして純粋な喜びとは、損得勘定を抜きにした心意気です。

今の若い人は、何かを始めるときに、「それをやると、自分にとってどんな得があるのか?」を行動原理としてしまいがちです。友達付き合いや、はたまた恋人探しまで、損得勘定で決めてしまうきらいがある。

「この人と付き合うと、人脈が拡がりそうだ」とか、「これを勉強すれば出世できる」とか、「この遊びを知っていれば女にモテるだろう」とか……モチベーションを上げるのはいいことですが、あまりにもそうした損得勘定が前面に出てしまうと、何より楽しくないのではないでしょうか。「純粋な喜び」がなくなってしまうからです。もっと長い目で考えたなら、その喜びを体験しないほうが、よほど人生で損をしていることになるのではないか。

「今さらこんなことやっても、何も得することはないだろうなあ……むしろ、損するんじゃないかな」

そう呟いたことのある人も多いことでしょう。でも、それでいいのです。歳をとったなら尚の事、見返りを期待せずに、自分が本当にやりたいことに手を出してみてはどうでしょう。

先日テレビを観ていたら、新型コロナウイルスに感染して1ヵ月も入院していた100歳の女性が見事生還したというニュースをやっていました（2021年5月）。その女性は、酸素投与が必要なほど悪化してしまいましたが、投薬などの治療を受けて快方に向かい、入院中も趣味の川柳や気功を続けていたそうです。

なんとこのお嬢さん、78歳から気功を始めて、80歳からスペイン語を勉強し、90歳からはデッサンを習い始めたそうです。しかも、最近まで5センチもあるハイヒールを履いて出歩いていたといいます。

100歳のお嬢さんが、ハイヒールでスペイン語……なんと粋な女性でしょうか。きっと「純粋な喜び」に溢れた老後なんだろうなと嬉しくなりました。

退院後の記者会見で、「102歳までパスポートが残っているから、また海外旅行に行きたいです」と若々しい笑顔で仰っていたのも印象的でした。

何かを始めることに、年齢は関係ない。「今さら」という言葉は、禁句にする。こういう粋な生き方こそが、免疫力さえも高めるような気がしてなりません。

年を重ねた男の顔は、
お金の使い方で変わる。
損得勘定を抜きに、
本当の「粋」を目指そう。

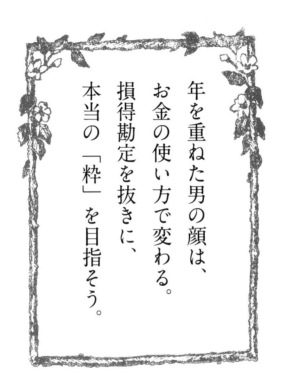

「老い」を認める。でも「老い」をけなさない

無論、いくら気合を入れよ、粋に生きよと己を鼓舞《こぶ》したところで、年齢とともに無理なものは何をやっても無理になってきます。それは、仕方のないことです。

たとえば、車の運転がそうです。70歳以上になると、免許の更新時に「講習通知書」なるものが送られてきます。否が応でも教習所や免許センターで行われている「高齢者講習」に予約して参加しなくてはいけません。

僕は2019年、75歳で免許更新の際に行った高齢者向け講習で、アクセルを踏み込んだ後、すぐにブレーキに踏み変えることがうまくできなかった。その瞬間、自分にはもう運転は無理だと悟り、免許を返上しました。僕は車の運転が大

好きだから、できることならずっと乗っていたかった。寂しかったです。

しかし、それで事故を起こした後では遅い。「よし、ここまでだ」と肚《はら》を決めて、免許証をお返ししました。

本書の読者の中にも、俺はまだまだ大丈夫だと運転されている後期高齢者の人がたくさんおられるでしょう。気持ちはよくわかります。運転免許を返上することは、己の衰えを認めることと同義です。もちろん人間の運動神経と反射神経は年齢だけでは測れませんから、本当に大丈夫な人もいるでしょう。

しかし、自分の「老い」を認めることもまた、成長ではありませんか。

多くの人が、自分の老いが進んでいることを認めたがりません。若さが不可逆のものと知っているからです。お金では買えないもの。それが若さと、身長です。

髪の毛や二枚目のお顔は、お金があればどうとでもなる時代ですからね。

僕は、いくつになっても人生を謳歌しましょうと皆さんにお伝えしたくて、この本を書いています。しかしそれは、「老いを否定せよ」という意味ではありません。老いを感じると、どうしても世間から置いてきぼりになったような焦りを感じてしまうものです。だから、その焦りを感じなくて済むように、自分はいつまでも若い者には負けないはずだと思い込み、周囲が年寄り扱いをしただけでカッとなってしまう。

電車の中で「どうぞ」と席を譲ってくれた人に対して「結構です」と憮然《ぶぜん》とする方がおられます。「私はまだまだそんな年寄りじゃないぞ、失礼な！」と怒る人もいらっしゃる。しかし、せっかく席を譲ってくれた人に対して、怒るほうが失礼というものでしょう。免許とて、それと同じです。

「そろそろ免許を返納したら？」と家族に言われたなら「失礼な奴だ！」と怒

るよりも前に、自分の老いをまず、認めましょう。肩肘張って、自分はまだ若いと主張する必要はどこにもありません。人間は、順番に歳をとる。

歳を重ねるということは、人間的に劣っているというわけではない。人間として円熟してきた、ということです。

最近は、アナウンサーの近藤サトさんが、髪を染めるのをおやめになられ、「グレイヘア」でテレビにお出になられています。自然のままの銀髪をセットされたお姿の美しいこと。これはいい時代の流れだなあと思います。白髪や薄毛、シワを隠すことが美しさであるという固定観念は、メディアが作り出したものかもしれません。

夜中にテレビをつければ、健康食品や若返りのサプリメントのCMがこれでもかというほど流れて、「○○さんは、こんなに若く見えますが、なんと70歳！　エーッ！　信じられませんね」などとやっています。あんまり品のいいコマーシャルだとは思えません。男も女も、年齢にあった魅力を磨くことこそが、本当の意味でのアンチエイジングなのではないでしょうか。

それなのに、歳をとった自分を自分でけなしている人のなんと多いことか。けなしてばかりしていると、「自分はもう迷惑な存在だ」「家族も早く死ねと思っているに違いない」などと、被害妄想的な発想がエスカレートしていきます。でも、本当に周囲の誰かが、あなたの老いをけなしているでしょうか。

少しお酒の話をさせてください。僕は、いろいろなお酒の中でも、特にウイスキーが好きです。ビールもワインも焼酎もやりますが、最後はやはり、ウイスキーに帰ってしまいます。ウイスキーが美味しくなるには、とにかく時間が必要です。

長い年月、樽で熟成させてこそあの複雑な味わいと、香ばしさが誕生します。どんな樽の中で呼吸をしていたかによって、まったく違った個性が出るのも面白いところです。ウイスキーのように人間も老いていけたなら……。

一番好きなウイスキーは、ニッカの〈竹鶴21年〉という銘柄です。熟成年数が長いゆえに、まるで水のように角がなくまろやかに喉まで流れていきます。力強さがあるのに余韻は実になめらか。北海道・余市《よいち》の蒸留所で造られていましたが、残念ながら販売終了となってしまいました。

人生もこんな味わいで終われたならいいですね。

「ちょっとした無理」を楽しむ

不幸にも、自分で自分をけなす癖がついてしまった人は同時に、世の中への不平不満も言いがちになります。

確かに、今の政治はちょっとおかしい。否、だいぶおかしいことばかりです。この原稿を書いている今（2021年5月）も、コロナの変異株で再び都市部では感染が拡大、病床はひっ迫し、発熱してもなかなか保健所に電話がつながらない。重症になってもすぐには入院ができないという医療崩壊が起きているというのに、国はオリンピックをやめようとはしません。聖火リレーは続けるが、密になるから見に行かないでくださいと。こんなおかしな話はありません。だけど「国のせいで俺の人生、台無しだ！」と嘆いているだけでは仕方ありません。

いつの時代も、誰にとっても素晴らしい政治だった世の中など一度もないはずです。

僕は世間に対して毒舌に見えて、自分の不平不満はあまり口にせずに仕事を続けてきたこともあり、いつしか、「やせ我慢のみの」とあだ名がつきました。だけど僕からしてみれば、やせ我慢しているつもりなど、どこにもありません。

好きでやり続けた仕事でしたから、愚痴を言うのは筋に反するし、子どもの頃からそういう習慣もないのです。これは、教育の影響もあるでしょう。親の愚痴を聞き続けて育った子どもは、やはり不平不満を口に出すようになりますから、これについては、僕の両親に感謝したいところです。

理性というものは、感情を抑えれば抑えるほど鍛えられるようです。

「やせ我慢のみの」とはいえ、若い頃は、美しい女性を前にすると理性を抑えるのはなかなか難しかったですけれども（笑）。衝動的な気持ちになったり、イラッとしたときは、言葉にするのをぐっと堪《こら》えて、6秒数えると収まることが、脳科学的に証明されているそうです。目を閉じて、1・2・3・4・5・6……これだけで自分をコントロールしやすくなるそうです。

日ごろから我慢や苦労が足りない人、もしくは、周囲にイエスマンしかいないような人は、自分の理性を発達させるチャンスを逃してしまうから、自分を抑えられない感情的な大人になっていくのでしょう。

最近のワイドショーや討論番組を観ていて感じるのが、自分の意見だけを言い放ち、相手の話を聴かない人が増えているなあということ。

何がなんでも相手を言い負かし、論破することが、自分の正しさの証明であると勘違いしている人もいます。本来の討論とは、反射神経で対応するものではないはずです。たとえ気に入らない相手であっても、人の話は最後まで口を挟まずに、耳を傾けるのが礼儀でしょう。「聴く力」を持っていない人が増えていると、国会中継を観ていても感じます。

苛々せずに、理性を保つコツ。それは、「ちょっとした無理」を楽しむこと。

人生のうまくいかないことを愚痴にしてしまうか、笑い飛ばしてしまうか、仕事を楽しめるか、楽しめないか。人を好きになれるか嫌いになるかも、結局は、自分の考え方ひとつです。

僕がよく「ストレスはありませんよ」とか、「我慢なんてしたことがありません」と言うと、「みのがまた、人に好かれようと思って強がりを言っている」と指摘する人もいます。これは、酒の呑み方や、女性にも大いに関係しているのです。せっかく一日のご褒美として酒を呑んでいるときに「美味しくないな」「楽しくないな」と思いながらやり過ごすほど、馬鹿馬鹿しいことはありません。

僕は、コンビニで買った缶ビールでも、高級クラブで開けたドンペリでも、等しく「美味い酒だなあ」と思って呑みたい人間なのです。


女性にしてもそうです。銀座のクラブに行くと、隣に女性がつきます。

正直に言えば、一流と言われているお店でも、綺麗な人もいれば、それなりの人、そうでもない人もいます。もちろん、好みの問題もあるでしょう。だけど、「ツイていないなあ。今日はそうでもない人が隣にきちゃったよ」と思ってお喋りをしても少しも楽しくないし、お酒も美味しくありません。第一、女性に対しても失礼です。

だから僕は、「ここで呑んでいる時間は、すべてが楽しいんだ！　最高の時間を過ごしているんだ！」と思いながら呑むようにしています。

すると、そうでもない人もだんだんとそれなりの人に、それなりの人から銀座一の美女に見えてくるから不思議です。人生だって、突き詰めれば同じこと。

「人生に疲れた」と思うのか、「充実した人生だ」と思うかは、考え方次第。不幸だったと愚痴ってばかりいると、本当に不幸になります。言葉が、人生をつくるのです。

「一期一会」を噛みしめる

僕の座右の銘は「一期一会」です。

ありきたりだな、と思うでしょう？

でも、本当にこの言葉の意味を理解していますか？

僕がこの言葉を好きになったきっかけは、53歳で茶道を始めたことにあります。

当時、原宿の行きつけの店で、いつもカウンターの一番奥で食事をしている品のいい紳士がいました。あるとき、たまたま隣に座って食事をすることがあり、話が弾みました。後からマスターが言うには、その方は、倫理学を教える中央大学名誉教授であると同時に、茶の湯や懐石料理の研究者であり、表千家を代表する茶人の方だと。数江教一《かずえきょういち》さんという方で、茶号を瓢鮎子《ひょうねんし》さんといいました。

そんな御縁から、瓢鮎子先生の御宅に伺うこととなったのです。先生は僕にこんな話をしてくれました。

「お茶の世界もお酒の世界も同じで、自分の生きざまがきちんとしていない人、そういう人はダメです。今のお茶の世界は、若い女性が中心で、花嫁修業のひとつのようになっていますが、茶道とは、本来男性が嗜《たしな》んできたものです。お道具なんて関係ありません。お茶は、一期一会の世界。皆さん、〝詫びさび〟と簡単に仰いますが、詫びさびは、千利休も完成できなかった世界なんですよ」

語彙《ごい》を豊富に見せたいがために、ちょっと難しそうな言葉を理解したつもりになって意気揚々と使うことがあります。僕も若い頃は、よくそういう見栄を張って失敗をしたものです。その本当の意味など理解しようともせずに「一期一会出会いに感謝」……なんて色紙に書いている有名人もよくお見かけします。

「一期一会」の本当の意味。それは、生涯にただ一度まみえること。すなわちそれは、「今生の別れ」のことです。


一期というのは、生まれてから死ぬまで、つまり一生のこと。

一会というのは、一生のうちの、ひとつの出会いのこと。


一生で一度の出会い……千利休の弟子・宗二の書いた茶道の心得には、「あなたにとって本当に大切な一生の一会を見極めなさい」とあります。そう考えると、一期一会を見つけられぬまま死んでいく人も中にはいるかもしれません。

そもそも、なぜ茶の湯の世界でこんな概念が生まれたのでしょうか。

茶道は、武士の文化が発祥だからです。戦国の世に、一服のお茶を点《た》てて、「よいか。頼むぞ、あの砦を守っておくれ」と託して、そのお茶を飲み交わし、もう二度と逢えないことをわかっていながら、その大切な人を送り出していたのです。

お茶の世界は、人と人との真剣勝負の世界。当の千利休は最期、豊臣秀吉に命令されて切腹しました。命を左右する世界であるからこそ必然的に、決まり事が生まれてきたのだと思います。小間でやるお茶もあれば、広間で大勢が集って嗜むお茶もあるけれど、本質は同じです。いかに美味しくお茶を点て、いかに気持ちよく帰っていただくか。

なるほど、これはお酒の世界とよく似ているなと気がついて、それからしばらくのあいだ、妻と二人で茶道の世界にはまりました。

そして、かれこれ5年以上も瓢鮎子先生のもとに通ったので、なんとか一通りの点前はできるようになりました。これは一生の趣味になるな。さて、そろそろ自宅に茶室を造ろうかと計画を立てていた矢先、先生が亡くなりました。90歳でした。虫の知らせか、先生が亡くなる前日に、妻とお見舞いに行ったのです。そのときに先生に言われた言葉が、今でも忘れられません。

「御法川君。君は、酒と格闘しながら呑んでいますね。そろそろ、だましだまし呑みなさい」

ああ、見抜かれていると思いました。その後もしばらくは、格闘しながら酒を呑んでいましたが……。しかし、僕にとってお酒もお茶も、真剣勝負の場所であることに違いはありません。そして茶道にのめり込むごとに、人生とは儚《はかな》いものだと思うようになりました。人は、いつ死ぬかわからない。今日出会った人が、人生の最後に出会う人かもしれない。だから目の前の人に精一杯の誠意を尽くす。

70歳を過ぎて、友人・知人の訃報が時折舞い込むようになってから、よけいにこの言葉の重みを噛みしめています。「あの人とは、会おうと思えば、いつでも会えるんだから」とおざなりにしていてはいけません。

そんな想いが、僕の座右の銘には込められています。

今日出会った人が、人生の
最後に出会う人かもしれない。
70歳を過ぎると、この言葉は
さらに重く感じる。

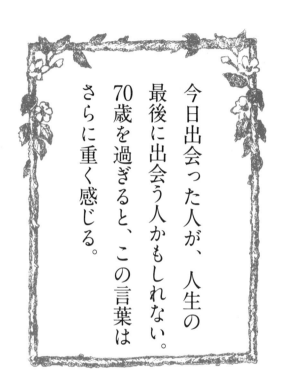

それでも僕は、一円玉を拾う

レギュラーの番組が一段落つくたびに「もう十分お金は貯まったでしょう。もう仕事なんかしなくていいでしょう」とか、「まだ稼ぎたいのですか。よほどお金が好きなんですね」などと嘲笑《ちょうしょう》交じりに僕に言う人は、ひとりやふたりではありませんでした。

ハイ、確かに僕は、お金が好きです。

でも、嫌いな人なんかいるんですか？

いないでしょう。お金は、自分が無我夢中で働いてきた証ですから、僕はそのお金で銀座にも行くし、家も建てましたし、好きなメーカーの車も腕時計も、堂々と買いました。やましいお金ではないのですから。

僕の父親については、後章で詳しく書かせていただきますが、昭和34（1959）年、戦後最悪といわれた伊勢湾台風による被害で、東海地方は甚大な被害を受けました。父が経営していた日国《にっこく》工業株式会社の名古屋本社工場が全壊。精密機器を生産するための機械設備は残らず水没し、会社は倒産の危機に瀕しました。現在のように災害保険があるわけでもなく、我が家は一夜にしてすべてを失ったのです。

僕は立教中学の3年生になっていました。

御法川家がそれまで築いていた財産を切り売りしてなんとか会社を存続させ、社員を馘《くび》にせぬよう父は奔走していましたが、家の暮らしはまたたく間に変わりました。家にあった掛軸や、母の着物が消えました。

ひとつだけ救いだったのは、当時の日本にはまだサラ金がなかったこと。もしもサラ金があったら、間違いなく父親は手を出して、借金地獄のまま人生が終わったかもしれません。お金を失うのは恐ろしいですが、お金を借りるのは、その何倍も恐ろしいことです。

ある日、母からこう告げられました。

「法男、申し訳ないけど大学進学は諦めてちょうだい」

目の前が真っ暗になりました。さらにその直後、母は結核を患い、長く床に臥《ふ》せることになりました。もうこれは、自分で金を稼ぐしかない……そこからの高校生活は、クラブ活動などせずにアルバイトの日々です。級友はお金持ちの子ばかりだったし、立教高校はアルバイト禁止でしたから、隠れてアルバイトをしていました。

デパートの売り子、お歳暮の配達、草刈り。なんでもやりました。しかし、あるとき級友に見つかってしまいました。貧乏を隠していたことを馬鹿にされるかと思いきや、「俺も一緒にバイトしてやるよ」と言ってくれました。あれは嬉しかったなぁ。そのときの5人の級友とは、今もよい友達です。僕がグレることなく、その後、なんとか大学進学できたのは、間違いなく彼らがいたからです。

一夜にして家族の運命が変わることを身をもって知った僕は、嫌というほどお金のありがたみを知っています。だから道端に一円玉が落ちていると、今でも必ず拾います。「いやだ！　なんでみのさんが、そんなものを拾っているの？」と驚かれることがあります。しかし、一円玉とて大切なお金。お金を指して「そんなもの」と言う人に対して、僕は少々腹を立てながら、こう言い返します。

「たとえ何億持っていても、一円玉がなければスタートできないんですよ」

そう言葉にするたび、父の背中が脳裏に浮かぶのです。父はその後、必死の頑張りでなんとか会社を立て直しました。そして、立教大学に進学を決めた僕に「経済学部に入ってほしい」と言いました。自分が味わったお金の苦労を息子にさせたくないと考えたようです。父の希望を、なんとか叶えることができて良かったです。

一円でも足りなければ、一億円にはなりません。小鳥が水場を作ってあげた庭に集まるように、お金だって大事にしてくれる人のところに集まるのです。

一方で、お金は、使わなければその価値を生み出しません。

お金とは、いわば血液のようなもの。循環させなければ、血は滞り濁《にご》っていきます。ところが、今のお金持ちは、少しばかりまとまったお金が入ってくるとすぐにFXだ、NISAだと、資産運用をしようとします。労働をせずに、ネットを駆使して資産を増やす生き方が、一番合理的かつ賢い生き方だと豪語する人も少なくありません。

しかし僕は、こうした考え方にどうにも馴染めない。誰かが投資でお金を儲けたときには必ず損をした人がいる。そんなお金で美味い酒が、呑めるかどうか。

かつて、ＩＴで儲けていた六本木ヒルズ族の社長を僕の番組にお呼びしたことがあります。このとき僕は、ズバリ聞きました。

「あなたは携帯電話を使って百億単位でお金を動かしているようですが、それは、本当にあなたが汗を流して作ったお金ですか？」

すると彼は、「僕は製造業じゃないんで」と薄笑いをして答えました。

ああ、この人たちは、お金は働いて作るものではなく、どこか他所から掠《かす》め取るものだと思っているのだと、少し恐ろしい気持ちになったのを今でも覚えています。

そういった実体のないお金で急に裕福になった人たちが、銀座でブイブイ言わせていた時期もありましたね。ロレックスの腕時計をグラスに入れて、シャンパンを注いで呑むことがキャバクラなどで流行していると聞き、思わず眉を顰《ひそ》めました。汗水たらして稼いだお金を貯めて買った腕時計ならば、絶対にそんな悪ふざけはできないからです。そんな彼らは、数年で銀座から消えていきました。虚業と呼ばれるような仕事は、たしかに一時は儲かっても、長くは続きません。お金は持ち主の本質を見抜きます。

お金とは怖いもので、使い方が品性となり、姿形に表れるものです。

「顔は男の履歴書」とはよく言ったもので、職種を問わず、一生懸命働いてきた人の顔は、すぐにわかります。コツコツ真面目に働いた人は、その善良さと経験、人生が顔に滲み出るのです――と書いたらまた、親父の顔が浮かんできました。

お金の扱い方に、その人の
品性が表れる。
その人の顔に、人生が
滲み出るように。

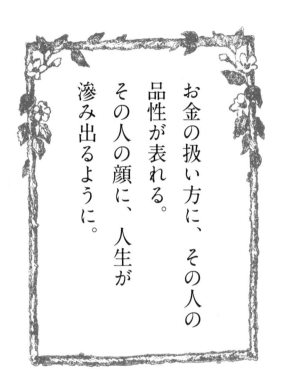

「引退」はしない――人生の「潮時」を読む

喜寿を目の前にして、2021年3月、毎週日曜日の朝にお届けしていた番組『朝からみのもんた』が終了となりました。梅沢富美男さんや高田純次さんなど、ゲストの悩み相談にお答えしながら、朝から好きなことを自由に喋らせてもらったこの番組は、本当に楽しかったです。

しかし、開始早々に世の中はコロナ禍となり、ゲストをお呼びしたくてもお呼びできないこともあって、大変な戸惑いの日々であったことも事実です。

現状、僕のレギュラー番組はなくなったことになります。

しかし、気持ちの中の区切りとしては、その1年前、2020年3月末で勇退した『秘密のケンミンSHOW』のときにできていました。若い出演者のトークのテンポに、ついていくことができなくなりました。そう、ちょうど運転免許の返上を決めたあたりでしょうか。

たとえば、味噌汁の話題になったとします。僕は「味噌汁っていいよね。地元で育った大豆を、酵母を使って熟成させて……。朝、目が覚めると台所から、トントントンとお母さんが包丁を使う音がして、味噌汁のいい匂いが漂って……」と、想いをたっぷりのせてお話をしようとするのですが、周囲はすでに、「まだその話題？　もう次にいきたい」という顔をしています。

あれ？　僕だけこの番組のテンポについていけていないのかな？

そう思う瞬間が、徐々に増えていったのです。客観的に見たら、きっと僕だけが番組で浮いているのだろうなと。

司会者は、出演者との会話のテンポ、リズムを作る側にあるわけです。たとえば、2000年から2007年まで、7年間司会を務めさせていただいたクイズ番組『クイズ$ミリオネア』では、僕は、試行錯誤して独特のテンポを作り上げていきました。この番組の見どころは、ひとつ答えを間違えば、賞金が目の前で減っていく解答者の表情にありました。だから、時にはわざとテンポを遅らせ、無言でじーっと相手の顔を見つめてギリギリのところで「ファイナルアンサー?」と切り出しました。

この「間《ま》」が、今までのクイズ番組にはなかったと大いに受けたのです。

あの番組はもともと、イギリスの人気番組から放送権を買ったため、番組の進行もオリジナルをそっくり踏襲《とうしゅう》しなければならないという前提がありました。しかし、僕が独自に演出をつけた「ファイナルアンサー?」はイギリスの製作会社からも好評で「司会は自由にやって構わない」とOKが出たのです。

そうそう、ある女優さんが出たときのこと。彼女が「正解はBです」と三択の中から間違った回答を言う。僕は、もう少しそばでその女優さんのお顔を見ていたかったから、「……ゆっくり考えましょうか」と返す。「はい……じゃあCにします」。それも違う回答です。さらに「……お水でも飲みましょうか」と僕は返す。

すると、後ろにいた久本雅美君が怒りだしたんです。「みの、汚ねえぞ！　いい女だとすぐに贔屓《ひいき》するんだから！」とね。それで、次に久本君が解答者席に座って……ハイ、残念！　すぐに落としました。その久本君が、『ケンミンSHOW』ではずいぶんと僕をサポートしてくれましたね。だから次は忖度しようかな(笑)。

気力は充分にあるのですが、体力の衰えは数年前から実感していました。相手が大きな声でコメントを言ったときは、こちらも大きな声でバーンと返したいのだけれど、大声が出なくなりました。また、2時間の収録を2本続けてやるため、途中から立っているのがきつくなって、休憩を入れてもらえるようお願いしたのも、長い司会者人生で、この番組が始めてです。

それならば、視聴率二桁を保っていて番組が好調なときに、自分から切り出そうと決意したのです。視聴率が下がって尻すぼみのときに番組を辞めるのは偲《しの》びないですから。それで勇退を発表したら、マスコミには、だいぶ意地悪く書かれました。

「みのもんたが番組を干された！」「レギュラー番組ゼロ！　いよいよ引退か？」なんてね。視聴率は良かったのだから、僕が干される理由はないのです。

でも、いろんな雑誌に意地悪く書かれるということは、それだけ僕の出ている番組は注目されていたんだ、素晴らしいことじゃないか、と思うようにしています。

おかげさまで、数々の長寿番組に恵まれて、30年以上テレビで仕事をしてきましたが、この世界も大きく様変わりしてきました。本当の喋りには「間」と「緩急《かんきゅう》」が必要です。「ファイナルアンサー？」が人気になったように、人間の面白さは「間」に潜んでいるのです。落語だってそうでしょう？　三代目古今亭志ん朝さんや、桂歌丸さんは「間」を味方につけていました。一瞬の沈黙に、人は心を惹かれるものです。それが話術なのです。

それがいつの間にか、ただ機関銃のように大声で喋り倒すタレントが、テレビでは重宝されるようになってきました。沈黙しているあいだに、チャンネルを変えられるのが怖いと考える演者もいるようです。しかし、僕はそのスピードにはついていけないし、何より、好きではありません。だからなのか、今のバラエティー番組は、どのチャンネルをつけても皆、同じに見えてしまいます。「他と違うことをやって、視聴率が取れなかったらどうしよう」と考えてしまうようです。本当は逆なのに、同調圧力に負けてしまっている。

他と違うことをやるから、人は面白がってくれるわけです。

たとえば僕は、タモリさんが長年やっている『ブラタモリ』がすごく好きなんですが、あの番組の良さは、タモリさんがその土地土地を歩きながら話すテンポがいつも自由で、心地いいからなんです。でも、あれは街歩きのロケだからできることであって、若いタレントさんがたくさん登場するスタジオ収録では、きっと難しいでしょうね。テンポが遅い＝老化現象と若い人は考えるし、実際、そうなのでしょう。

でも、今は高齢社会なんだから、もっと落ち着いて喋ってよ、と自宅でテレビを観ながらときどき画面に向かって言っています。

仕事の「潮時」は、人から言われるのではなく自分で感じるもの。

僕は、潮時という言葉が好きなんです。潮時というと、浜辺の波がさーっと引いていくところを想像しがちですが、辞書で調べると、引くときと満ちるときの、ちょうどの間を潮時と呼ぶと書いてあります。

だから「さあ、これから行くぞ！」というときも潮時です。

攻める潮時。守る潮時。いろいろあるのです。

潮は一度引いて、また満ちる。満ちるときには、海の深いところから、魚や貝を連れてくるように、人生も引いたり満ちたりを繰り返すから、新たな出会いが生まれると感じています。

僕は今、再び人生の潮が満ちる準備の途中。コロナ禍が明けたら、新しい出会いが待っているはずだと、わくわくしてもいるのです。

第二章　妻を失ってからの人生

人生に迷ったときは、常に妻に相談をした

先ごろ、イギリス王室でエリザベス女王の夫君のエディンバラ公爵フィリップ殿下が亡くなられましたね。99歳ですか。4歳年下のエリザベス女王は、結婚70周年を迎えた2017年のクリスマスに、こんなメッセージを発表しています。

「私が生まれた頃、結婚70周年を祝うプラチナ婚式という言葉が発明されていたのかどうか、知りません。それほど長く一緒にいるとは考えられていませんでした」

羨ましいなあと心底思いました。フィリップ殿下が先に旅立たれたのも良かった。やっぱり夫婦は、男が先に逝ったほうが幸せだと思います。

僕と妻・靖子《やすこ》との出会いは、まだ大学生の頃のこと。

立教大学の放送研究会でした。僕が19歳で、妻は18歳。目のくりっとした愛らしい顔立ち。笑うと花が咲いたように場が明るくなりました。しかし性格はとてもしっかりしていて、年下には思えなかった。お互いが初恋でした。気がついたら交際をしていたという感じです。

その後、僕は文化放送に入社。社会人4年目だった1970年、25歳のときに結婚しました。靖子の実家は建設会社。お嬢様育ちの彼女でしたが、結婚した当初から妻が主導権を握っていました。

家事育児はもちろん、僕の健康管理やお金のことも。妙な喩えに聞こえるかもしれませんが、妻は僕にとって雪かきのラッセル車のような存在でした。彼女がいつも、僕の進むべき道の雪を取り払ってくれていたように思います。人生の分かれ道にぶつかったときはすべて彼女と相談しながら決めてきたのです。だけど妻は僕に、「辛い」とか「もういやだ」なんて弱音を吐くことはなかった。そこにも惚れました。

芯は強いのに、つつましやかな人でした。

結婚前の1969年、僕は、文化放送の『セイ！ヤング』という深夜ラジオ番組の月曜パーソナリティーとなりました。いきなりのDJです。当時、ラジオの深夜放送が若者から絶大な支持を得始めていた時代で、ニッポン放送の『オールナイトニッポン』、TBSラジオの『パック・イン・ミュージック』も始まって、深夜放送御三家と呼ばれていたほどの人気でした。DJに抜擢されるまでは、僕の名刺の肩書は産経新聞・フジテレビ・文化放送・ニッポン放送グループの報道記者でした。だけど、新人の僕の書いた記事はなかなか採用されません。先輩記者から「御法川の原稿は読めたものではない」と一生懸命に書いた原稿を目の前で破られたこともありました。同時に夢も希望もビリビリと音を立てて破れていく気がしたものです。

そんな僕にとって『セイ！ヤング』の仕事は、起死回生のホームラン。天職とはこのことかと思うほど、一気に人気に火が点きました。

若気の至りとは、恐ろしいものです。僕はたった1年にして文化放送の花形と呼ばれるようになり、すっかりのぼせていたのです。いっぱしのスター気取りで夜の銀座や赤坂を肩で風切って歩いていました。日付が変わってからタクシーに乗り帰宅することがいつしか日常となっていました。

だけど妻は、起きているのです。帰宅が遅いと怒られたことは一度もありませんでした。

僕はその日にあったこと、出会った人のことを包み隠さず妻に報告してから眠りに就くわけです。子どもができてからもその習慣は続き、どんなに遅くまで僕と酒を付き合っても、朝の5時30分に起きてお弁当や朝食の準備をしてくれていました。寝坊したことは一度もなかったんじゃないでしょうか。そういう女性でした。

しかし、「奢《おご》れるもの久しからず」とはよく言ったもので、番組開始から4年後、上司に突然、降板を言い渡されました。

「ヤングが聴く番組だからそろそろ交代してもらう」と。問答無用の異動命令でした。その後僕は、営業や販売促進の部署をたらい回しにされました。スーパーのミカン箱に立って、食品を売ったこともあります。置かれた場所で精一杯、やるだけのことはやりましたが、精神的に限界が訪れました。あの人気DJがこんなところで試食販売かと何度も嘲笑を浴びました。

会社を辞めようと決意したのは35歳のときです。とはいえ、当時の僕は、逗子に建売住宅を買ったばかり。住宅ローンは気が遠くなるほど残っていたうえに、まだ幼い長女と、妻のお腹の中には長男がいました。このときばかりは、さすがに妻に大反対されるだろうと思いながら、切り出しました。しかし妻は、こう即答しました。

「いいんじゃない？　パパがそう決めたのなら」

拍子抜けするほど、あっさりと。「次の就職先、決めてないけど本当にいいの？」「もちろんよ」――もしもあのとき、妻に反対されたり、離婚されていたら、その後の僕は大きく違う人生を歩んでいたことでしょう。

空っぽにならなかった冷蔵庫

1979(昭和54)年9月、僕は文化放送を辞めました。まるで蜘蛛の子を散らすようにしてみんな僕の周囲から去っていきました。仲間からの餞《はなむけ》の言葉もなければ、送別会ひとつ開いてもらえなかったのです。会社を辞めたら、ひょっとして親しくしていた芸能プロダクションやレコード会社から、フリーの仕事が回ってくるんじゃないかという甘い期待もしていました。

しかし、そんな自負と楽観は、見事なほどに打ち砕かれたのです。人は僕を見ていたのではない。肩書を見ていたのだ。そして、今だからわかることがあります。

周囲の人が自分から離れていくとき——。それは自分が傲慢になっているときだと。

こんなはずではなかった……打ちひしがれている自分に声をかけてくれたのは、芸能界の人間ではなく、実の父親でした。


1940（昭和15）年12月、太平洋戦争突入前夜ともいえるこの年に、親父は、水道メーターの製造販売をする会社「日国工業株式会社」を、兄弟で東京都中央区に設立しました。当初の社名は「日本国工業株式会社」だったそうですが、すぐに憲兵隊から「不謹慎な名前をつけるな！」とお叱りを受けて「日国」に改名をしています。ファシズム真っ盛りのご時世に、社名に日本国を入れるとはなんと痛烈な皮肉だろう、さすがは親父だと思っていましたが、実のところ、たいして意味はなかったそうです。

日国は、戦時中は一時、海軍施設の直営工場となり空襲で焼かれたこともありました。しかし、戦後を迎えてからは、高い製造技術を持っていることが評価され、最盛期には600人ほどの社員を抱えていたといいます。しかし、先にも述べた1959年の、戦後最大の伊勢湾台風で工場が全壊して以降は、薄氷を踏むような経営状態が続いていたのです。

「法男、保険はどうなってるんだ？　もうすぐ二人目も生まれるんだろう？」

押し黙る僕の前に、父は懐から小さな箱を取り出しました。

「これな、お前の名刺だよ」

そこには〈日国工業株式会社　営業担当常務取締役　御法川法男〉とある。僕は口を開けたまま、父の顔をしばらく見ていました。

「法男、よく聞け。お前のやってきたアナウンサーという仕事は派手で人目につく仕事だ。給金もいいだろう。成功すればスターと呼ばれ、みんなの憧れの的になる。しかし、水道メーターは土の中で来る日も来る日も水道の使用量をはかりつづけ、24年経ってようやく休むことができる。だけど、誰も褒めてくれるわけでもない。しかも、いちばん小さな13ミリのメーターで数千円。8年ごとの修理にしても、たいした額にはならないよ。大きな儲けなんて期待しようもない地味な仕事さ。でもな、24年前に送り出したメーターが、いわば定年になってうちの工場に戻ってきたときは、喩えようもないほど懐かしくて、嬉しくて、よく帰ってきてくれたと、水垢にまみれたメーターを抱きしめたくなるものなんだよ。だから俺は、この仕事に、自信と誇りを持っている」

そう言う親父の目の輝きは、少年のようで、僕はグウの音も出ませんでした。

こうして「日国工業」の社員として、メーターの組み立てから通水、塗装、納品、営業まで全部行うため、地図とにらめっこしながら、日本中を駆け回る日々が始まりました。親父と僕と妻が役員の、典型的な「三ちゃん企業」だったのです。

水道メーターというのは、実は優れた精密機械です。1滴の水をも感知する精緻さと、8年間も連続で作動する堅牢さを併せ持っています。知れば知るほど、僕はその機械式時計のような美しさに魅せられ、徐々に仕事が面白くなっていきました。

しかし僕が人気DJだったときに結婚した妻は、まさか、水道メーター会社の社員のおカミさんになるとは思っていなかったことでしょう。生活は一変し、夜中まで銀座や赤坂で飲み歩くことも、妻と真夜中にワインを傾ける優雅な時間も手から砂がこぼれるように消えていきました。もちろん、給料の額も激減しました。

今までの贅沢な暮らしは手放さなければなりませんでしたが、二人目を身籠っていた妻はこのときも、一言も不平不満を口にはしませんでした。

それでも……たまに僕が、何か酒のつまみを物色しようと自宅の冷蔵庫を開けると、文化放送時代と変わらないほど、たくさんのものが入っているではありませんか。妻は、僕には一切不平を言わず、彼女の実家から食べ物を貰ってきていたのです。

またしても、妻に助けられている……結婚から10年ほど経っていました。この女と離婚することは、絶対にないだろう。僕はその頃から、靖子号という大きな船に乗っていたように思います。どんなに大波が来ようとも、この船から一生降りないぞと心に誓い、水道メーターを取り付けるために走り回っていました。

妻に見抜かれているくらいが、うまくいく

親父が作った会社を、僕の手で大きくしよう。そんな決意ができてからは、朝から晩まで靴底を擦り減らして仕事をし続けました。

水道メーターをライトバンに積んで、搬入し、取り付けたらまた次の街へ……。日本全国を東奔西走する日々でした。ふとハンドルを握る手元に目をやれば、爪のあいだには、メーターを外すときについた泥がぎっしりと残っていました。DJ時代には見たことのない、汚れた手でした。これで少しは親父も認めてくれるのかな……と、その手をどこか誇らしくも感じました。しかし、どんなに日国の仕事が面白くなっていっても、テレビやラジオの仕事への未練を断ち切ることはできませんでした。マイクの前で、もう一度喋りたい……昔のツテを辿っ

て、売り込みをかけたこともありましたが、うまくはいきませんでした。もう司会者の道は閉ざされたのかと、たまらなく虚しかった夜もあります。

ところが、運命の女神は僕を見捨てなかったようです。

36歳のとき、フジテレビの『プロ野球ニュース』の土日の司会をやらないかと声がかかりました。もう一度、大好きな喋りの仕事ができるのか……さっそく妻に相談すると、僕以上に大喜び。「いつかこんな日がくると信じていた」「やりたかったのでしょう？　おやりなさいよ」と。ああ全部見抜かれている。

でも、男は妻に見抜かれているくらいがうまくいくのかもしれません。

しかし、考えてみたら僕はテレビの経験はゼロ。実況の現場からもしばらく遠ざかっていたため、空回りばかり。見かねた番組プロデューサーが、テレビ映りの角度から実況の口調に至るまで、イチから指導してくれるようになり、少しずつ視聴率も上がっていきました。

その日の『プロ野球ニュース』は、大雨で全試合が中止となりました（当時はまだドームのなかった時代です）。そんな日は、大リーグの英語中継を放送するので、キャスターの僕はスタジオに入るものの何もすることがありません。僕は退屈凌ぎに、大リーグの映像に合わせて「一塁に立っているあの子、あの子だよ。だめだよそんなことしちゃ……」などと勝手にアテレコをして遊んでいました。これがスタッフの間で大ウケしたのです。そのうち雨の日は「みのさん、今日もアレやってよ」と頼まれるようになりました。あくまでも内輪の暇つぶしだったのですが、あるときスタッフが「アレ」を放送してはどうかと言い出しました。

こうした遊び心から、『プロ野球珍プレー好プレー大賞』が作られることになりました。1983年のことです。今までにない切り口が受けて、またたく間に人気番組に。僕自身、この仕事が大好きでした。何せ自分のアイディアから生まれた番組ですから。

最初に喜んでくれたのは、またもや妻でした。「この仕事はあなたしかできない。観察力と表現力の両方がないとできないもの！」と太鼓判を押してくれたのです。

そこから、当時大人気だったクイズ番組『なるほど！ザ・ワールド』のレポーターをさせてもらうなど、テレビの仕事が増えていきました。妻が言ってくれたように、「僕にしかできない喋り。僕にしかできない仕事がある」と自信を持てるようになりました。すると、1987年には、古巣の文化放送から声がかかり、『みのもんたのウィークエンドをつかまえろ』という番組でDJをすることが決まりました。嬉しかったですね。そして同じく1987年に、『午後は○○おもいッきりテレビ』が始まり、僕の仕事はピークを迎えるのです――。

妻はもともと、とてもセンスのいい女性でした。何せ、僕を夫に選んだくらいですからね（笑）。学生の頃から、誰よりも垢抜けていました。テレビの仕事が忙しくなってくると、彼女は必死にメンズファッションを勉強し、僕の専属スタイリストとなりました。テレビキャスターは、当時も今も、貸衣装を使っていいことになっています。しかし妻は僕に貸衣装を着てほしくないと言います。

「高いギャラをいただいているのだから、身の丈に合ったものを着ましょう。あなたの真剣な仕事ぶりを、衣装でもわかってもらえるように」

この言葉に、僕も深く頷いたのです。人の心を打つのは「本気」だけ。だとしたら、ファッションも然《しか》りです。こうして御法川靖子は、僕の妻であり、三人の子どもの母であり、家業の仕事も手伝いながら、僕のスタイリストになってくれました。僕に似合うスーツやネクタイを研究してくれたのです。

僕はギネスに載るほどテレビに出続けましたが、一度たりとて同じ組み合わせのネクタイとシャツとジャケットを着たことがありません。これは僕のこだわり……ではなく、妻のプライドなのです。

自分にしかできない仕事。
それを見つけると自然と自信が
湧いてくる。それを後押しして
くれる人がいれば、なおさら。

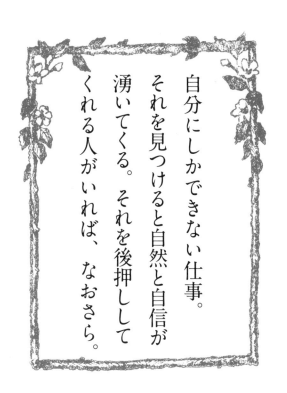

不倫報道——そのとき、妻は

80年代、90年代は写真週刊誌全盛の時期でした。政治汚職事件から芸能スキャンダルまで、過激な写真や、あざといアングルが載っていたこともありました。思えば、今の「文春砲」もあまり変わりはないようですが。

しかし昔と今が違うのは、不倫や恋愛スキャンダルが発覚しても、芸能人が国民の皆様に向って謝罪会見なんて開かなかったことです。

桂春団治の歌ではありませんが、「浮気は芸の肥やし」として、一昔前までは黙認されていたようなところがあります。石田純一さんの「不倫は文化だ」発言もありましたが、それも一理あるんじゃないかなぁ。

江戸浄瑠璃も歌舞伎の世界も、心中ものなど、不倫から生まれた傑作は数えきれないほどありますから、今のように不倫報道と見れば、とにかく世間が叩く、仕事を干されるという風潮は、ちょっとおかしいんじゃないかなと思います。

たとえば、人気絶頂だったベッキーさんなんて、謝罪会見をしても尚、しばらくはテレビに出ることも許されなかった。あの子はいい子ですよ。ああいうのを見ると、やりすぎなんじゃないかという気もします。

不倫は、あくまでそれぞれの家庭の問題で、犯罪ではありません。僧侶で作家の瀬戸内寂聴さんもこんなふうに仰っていました。

「恋愛とは、いきなり雷に打たれたように、その人のことを想う気持ちのこと。だから、『不倫は悪』とか、善悪の議論自体が不毛なのです」

不倫の恋は蜜の味、とよく言います。僕は経験がないからよくわかりませんが(笑)、蜜のように甘いときもあれば、時間が経てばコニャックのように複雑で、赤ワインのように豊潤で、日本酒のように奥深いときもあり、場合によっては渋茶にもなる。どんどん味が変わるから、わかっていてもまた、禁断の恋の栓を抜いてしまうものなのでしょうか。

とはいうものの、当時の僕は毎日、生放送の司会をする身ですから、写真週刊誌のネタになるのは困ります。「みのさん、今週は、俳優の○○さんがフォーカスされたらしいよ。みのさんも気をつけてね」なんてプロデューサーに言われ、「そうなの!? ○○さんも脇が甘いな」と笑ったこともありました。

そんなある日のこと。いつものように生放送が終わった後、楽屋で明日の打ち合わせをしていると、プロデューサーが、「みのさん! 今週の写真週刊誌、大変だよ」と駆け込んできたので、「今度は誰? そんなに大物かい?」と興味津々で訊ねたら、「……みのさんだよ」と、その記事のコピーを渡されました。頭が真っ白になりました。

確かにその女性とは仲が良かった。しかし、その週刊誌に書いてあるような関係ではありませんでした。だけど……写真を撮られた時点で、僕に隙があったのは事実。言い訳しても始まらないと腹をくくりました。

妻が選んでくれたスーツとネクタイを着て、写真週刊誌の弁明をしなければならないなんて、なんともカッコ悪いなあと、我ながら情けなくもなりました。その週刊誌が妻の手に渡る前に、僕から話をしないといけない。その日は銀座に行かず、素面《しらふ》でまっすぐに家に帰りました。週刊誌に書かれていることは事実無根だということをまず説明しました。

妻は、顔色ひとつ変えず、じっと僕の言葉を聞いていました。

「本当に彼女とは何もないんだ。信じてほしい」

「わかりました。信じます」

「わかってくれるか！　ありがとう」

「だけど、お相手は未婚の方でしょう。未婚のお嬢さんにご迷惑をかけたのは事実じゃないですか！　すぐにお詫びしてください！」

いつしか僕は、正座をさせられていました。週刊誌には反論できても、妻には反論できなかったのです。

「お嬢さんにお詫びをしたら、次はテレビ局の皆さんにもお詫びをしてください。ご迷惑をかけたんだから！」

妻は翌日、僕と一緒にテレビ局にお詫び行脚してくれました。スタッフの人たちも、不倫スキャンダルなのに夫婦でお詫びに来たことに目を丸くし、これなら安心だろうと、大事にはならなかったのです。

同志、という言葉が思い浮かびました。もはや妻とは惚れた腫れたというよりも、一緒に人生を闘う同志になった気がしたのです。夫婦とは、常に同じに見えて同じではない。形を変え、色を変え、川の流れのごとく成長していくものだと知りました。今思えば、あのスキャンダルも人生の糧となりました。

若い頃は、向き合っていく。
歳をとれば、手を携えて
同じ未来を、見て歩く。
そして夫婦は同志となる。

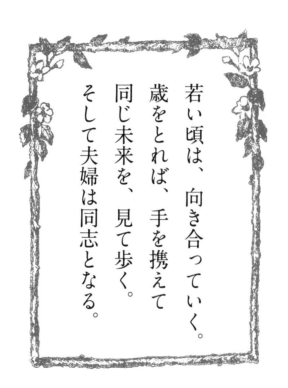

絆を強くした夫婦茶碗

『午後は○○おもいッきりテレビ』は、年々視聴率が上がり、僕にはどんどん面白そうな仕事が舞い込みました。当時、僕は逗子の二世帯住宅に住んでいたのですが、早朝に家を出て、帰宅は深夜でしたから、両親と顔を合わせることも平日はほとんどなく、母・キン子の異変に気づくのも家族で一番遅かったのです。

太平洋戦争のさなか、1944（昭和19）年8月22日に、母は僕を東京・世田谷の自宅で出産しました。その1ヵ月前の7月21日、2年先に生まれた僕の兄、正昭が亡くなり、通夜の席に親父の召集令状が来たそうです。

当時父は30歳。子どもの葬式だろうがなんだろうが、令状が来たらその翌朝には否が応でも出征しなければならない。長男を失った悲しみを抱え、母は親父が出て行った家の、奥の部屋で僕を生みました。「あのときは本当に辛かった。お国を呪ったよ」と母は僕が大人になっても思い出しては言い続けました。

「初めて授かった長男が2つで死んで、そのお通夜の席に夫の召集令状が届く。普通に考えれば気の毒なことでしょう？　なのにみんなが万歳したんだ。なんでだと思う？　万歳をやらないと、憲兵隊に連れて行かれるんだよ。おまえは非国民だと一晩中拷問にかけられる。だからもう、通夜や葬式や初七日どころじゃなくなった。徴兵はおめでたいことだから……」

その後も戦後の混乱を生き、親父の稼業を手伝いながら僕と妹を育ててくれた母。いつも自分のことは二の次でした。ようやく僕の仕事が軌道に乗り始め、これからうんと楽をさせて、美味しいものを腹いっぱい食べてもらおうと思った矢先の、「痴呆症」との診断。あれ、味噌汁の味がおかしいぞと思ってから、またたく間に、母は母らしさを失っていきました。少しでも症状が良くなればと、暇を見つけては小旅行に連れて行きました。あるとき、ホテルのコーヒーショップで、イチゴケーキを果てしなく食べたがり、8個も平らげたことがありました。生クリームを唇の端につけて無邪気に笑う母は、童女そのもの。

しかし、いつまでも童女でいてくれたらいいのですが、時として母は、夜叉にも変わりました。プライドの高い母は、粗相をした下着を隠そうとします。妻が見つけて洗濯をしようとすると、それをひったくるようにして、妻を犯罪者のように睨みつける。ときには爪を立てて顔をひっかくこともありました。被害妄想もひとつの症状だということはわかっていても、家族だからこそ、これは辛い。

「靖子さんが私の財布を盗んだよ！」

大きな声で叫ぶこともありました。妻が泣くのを見たことも一度や二度ではなかったはずです。息子たちもどう対処していいかわからず、ただ家族の修羅場を見守っていました。僕はそのとき、子どもたちに言いました。

「よーく見ておけ！　これが人間なんだ！」

そう叫びながら、気がつけば、僕の頬も濡れていました。

今のように介護保険制度があるわけではなく、家族介護が当たり前の時代でした。それでも僕は老人ホームを探し、そこに母を入れようと妻に相談をしました。

「苦労続きだった人生の最後に、そんな可哀想なこと、できません。お義母さんは、私がこの家で介護します！」

妻のただならぬ決意に、僕は気圧されました。24時間365日、修羅場続きの義母の介護を買って出てくれたその気苦労は、いったいどれほどのものだったろう……。それと同時に僕のスタイリストも、子育てもしてくれていたのですから。

だけど当時、僕はあまりにも目まぐるしい日々を送っていたために、妻の心の叫びを聞くことすら、ままならなかったのです。

「あなた、昨日、お母さんにこんなことがあったの」と、出勤前の僕に母の行動を報告してくれるのですが、「おい、これから俺は仕事に行くんだから、そんなことを言わないでくれよ」となる。それで、テレビ局に向かう車の中で、「なんて冷たい夫なんだ。妻は俺しか頼れないのに」と反省をしていました。

闘病5年。2000年の1月に、母は78歳で激動の人生を終えました。あちらで僕の兄とは再会できたのでしょうか。棺の中で母は、童女から天使になったような顔をしていました。

母の遺品を整理しているとき、妻はそこに夫婦茶碗を見つけました。そして、「ねえ、私たちも夫婦茶碗を買わない？」と。妻は介護をやりきったというような晴れ晴れとした顔をしていました。母を見送ってからというもの、僕たち夫婦の絆はさらに強くなったように感じます。ふたりで相談して買った夫婦茶碗は、天使になった母がくれたプレゼントなのかもしれません。今も食器棚にあります。

家族を亡くすということは
どの家庭にとっても試練。
しかし家族の絆を強くする
大きな転機になることも。

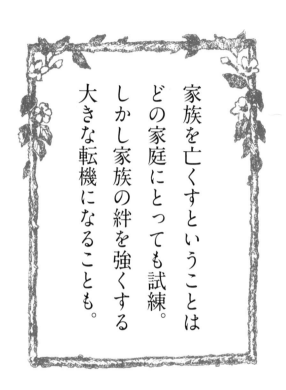

最後の夫婦旅行

　人生の同志として、二人三脚でやってきた妻・靖子が、腰が痛いと呟くようになったのはいつからだったか……あまりよく覚えていません。マッサージや指圧に通っていましたが、いっこうに良くならないのです。僕の腰を手術してくれた先生にも診てもらったのですが、異常なしとのことでした。ところが、あるとき、腰をまっすぐにして歩けない状態になったので、念のために、ということで本格的にがん細胞を調べるＰＥＴ検査というものを受けました。がん細胞があると紫色に見えるそうです――彼女の骨盤が紫色になりました。

　その後、築地のがんセンターを訪れて、皮膚がんと診断を受けました。すでに、骨にまで転移をしていたのです。歩行が困難になったのは、そのためでした。

がんの告知は、ふたりで聞きに行きました。その後、僕はなんと妻に声をかけたのか、妻はどんな顔をしていたのか、どうやって帰ったか。まったく思い出せません。妻は、ひとりで病院の手続きをし、手術の準備をし、そして通常のスタイリストの仕事も休むことなくやってくれました。男というのは、こういう場面で本当に役に立たない生き物です。僕が励まさなければいけないのに、「あなた、そんな顔しないで。きっと大丈夫だから」と逆に励まされてしまいます。「いい？絶対にこのことは仕事関係の人には秘密にしてくださいね。スタッフの皆さんに気を遣われたら、番組にも影響があるかもしれないから」と。

僕は、自分の弱さが、情けなかった。せっかく家を建てたばかりなのに、なんでこんなことになるんだよ、と空を仰ぐことしかできませんでした。

母を見送った後、2000年に鎌倉山に土地を購入し、設計段階から妻がかかわり、4年越しで建てた家でした。家具や調度品、絨毯の色から庭に植える樹木まで、すべて、彼女が選んで完成した家なのです。妻の希望で、一番眺めのいい場所をキッチンにしました。料理をしながら江の島、葉山、逗子と相模湾が一望できるのです。この景色を妻はとても気に入っていました。これから夫婦水入らずで、ゆっくり過ごそうかというときにがんだとは……何を言っているんだろう……僕は、現実をなかなか受け入れることができませんでした。

妻が入院してから、鎌倉の家が広すぎることに気がつきました。朝夕に光り輝いて見えた相模湾も、色を失ったようでした。

治療とともに、妻の食欲は失せていき、徐々に痩せていきました。

その年の12月。入院中の妻は、お正月は自宅で過ごしたいと言いました。妻は毎年年末に、何日もかけておせち料理を作ることが恒例でした。黒豆から伊達巻、ローストビーフまで8段のお重は美しく彩られ、我が家の自慢のひとつでした。

妻はその年もおせち料理を作る気でいたのかもしれません。しかし自宅に戻ってシャワー中に倒れ、大腿骨を骨折。12月28日に緊急手術となったのです。だけど妻は、あきらめませんでした。年が明けて、1月、2月とピンポイントの放射線照射で順調に回復していき、骨のがんの状態も落ち着いて、3月には再び一時退院の許可が出ました。そして妻はこう言いました。

「あなた、夏休みを少し前倒しできないかしら？　あとひとつだけ、どうしても家に飾りたい絵があるの」

ここのところ、妻との夏のニューヨーク旅行が恒例となっていました。妻とふたり、マンハッタンの街を誰の目も気にせずに歩ける時間は、僕にとっても、かけがえのない時間でした。今回、彼女のお目当ては、チャールズ・バーチフィールドという画家の作品です。ＴＢＳのスタッフに無理にお願いをし、2週間の休みを取りました。旅行の計画はいつも通り、妻が全部立ててくれました。

無事、車椅子でニューヨークに到着した妻は、とても元気でした。

病気であることさえ忘れてしまったように、食欲もありました。5日目までは本当に楽しい旅だったのです。しかし6日目の朝、鼻血が出て体調に異変がありました。急遽帰国して、成田空港からそのまま病院に直行しました。妻は力尽きたように、病院に到着すると意識を失いました。魂は、楽しい旅行の続きをしていたかったのかもしれません。２０１２年5月22日午後4時48分。妻・靖子は家族が見守る中、静かに息を引き取りました。看取れて、良かった。僕の仕事が終わる時間を待っていてくれたようでした。享年66。早すぎました。あっという間でした。やすらかな寝顔に、ありがとうと言うのが精一杯でした。

その翌日も僕は、生放送のため、夜明けとともにテレビ局に向かい、「おはよう！」とスタジオに入りました。スタッフが、僕に訊ねます。

「奥さん、まだニューヨークですか？」

「うん、そうなんだ」

突然のお別れには、
ありがとう、しか出ない。
もっと言いたいことが
あるような気がするのに。

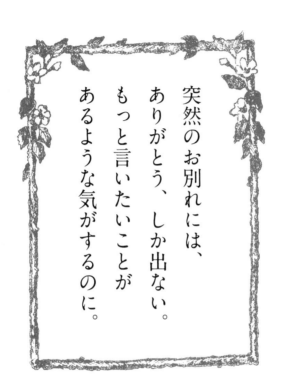

仕立て直された喪服と、スクラップブック

　長年キャスターとして、たくさんの人の訃報を報道してきました。中には、奥さんに先立たれた俳優さんやアスリートの方もいました。

「○○さん、どうか気持ちを強く持ってくださいね」なんて、そのたびに僕は励ましていましたが――実際、自分がその立場になってみて初めて知りました。

　気持ちを強く持つとはどういうことだろう。

　病気になったのが僕だったらよかったのに。

　なんで代わってやれなかったのだろう。

　頭の中ではそればかり。仕事はなんとかこなせるのですが、それ以外は日常の時間が止まってしまったようでした。「喪失」の意味を、初めて知ったのです。

妻の葬儀は、鎌倉の自宅で行うことに決めました。彼女の一番好きだった場所でやろうと、子どもたちと相談して、庭に祭壇を拵《こしら》えました。自宅に帰ってきた妻は、安堵したような顔で眠っていました。ようやく帰って来られたわ、と朗らかな声が聴こえるようでした。

イギリスに留学していた長女も、葬儀のために帰ってきました。僕は長女に、妻が大事に着ていた喪服を着せてあげたいと思いました。そこで、妻がお世話になっていた着付けの先生に、娘の体型に合わせて仕立て直してもらえないかと頼みました。先生は、多少サイズが違っても着付けはできるかもしれないと言い、まずは娘に着させてみたのです。そこで、先生は目を丸くしました。

「あら？　この喪服、お嬢さんの丈に合わせてもう直してありますよ」

これには驚きました。いったい、いつの間にそんなことを……。妻は、自分の葬儀のために、闘病中に娘の喪服の準備を進めていたのです。堪らず、声を上げげて泣いてしまいました。

やはり靖子には、かなわない。


呆然自失としたまま僕は、自宅の衣裳部屋を開けました。妻が一日のうちいちばん長くいた場所は、この衣装部屋です。

すると、僕の1ヵ月以上先までの衣装が完璧に整えられて吊るされてあるではないですか。彼女が長年作ってくれていたスクラップブックも残されていました。ここには、僕が今まで着た衣装の写真がすべて収まっています。番組によって派手めのものにしたり、落ち着いた色にしたり、スーツとネクタイとシャツが同じ組み合わせにならないよう、彼女はすべてを記録していたのです。

そうそう、『秘密のケンミンSHOW』は、僕の最後の出演回まで、エンディングのテロップに「スタイリスト 御法川靖子」と入れてくださいました。妻も喜んでいることと思います。妻が死んでから、僕は一度も服を買ったことがありません。

さらに、葬儀から半年以上が経った頃のこと。

妻の持ち物には手をつけられないでいたのですが、そろそろどうにかしなければと重い腰を上げて、彼女の洋服ダンスを開けました。

すると、洋服や小物がきれいにまとめられてあり、そのひとつひとつに小さな付箋《ふせん》がつけられてありました。付箋には、それぞれ「○○さんへ」と名前が書かれてありました。自分の洋服を誰に渡してほしいかまで、自分で決めていたのです。僕が処分に悩むことがないように。

妻が最後のニューヨーク旅行で探し当てたチャールズ・バーチフィールドの作品が船便で鎌倉の自宅に届いたのは、初盆の前。2ヵ月以上経ってからでした。

季節は夏になっていました。

綺麗な花園が描かれた作品でした。その花園の中央から雷のような、竜巻のような、白い一本の線がすーっと天に向かって延びていました。その白い線が、妻の魂のように思えて仕方がありません。

妻は、その絵を自宅のどこに飾るのかまで、僕に伝えていました。

その絵がよく見える暖炉の上に妻の写真を置き、照明を設置して24時間、照らしています。不思議なもので、妻が亡くなってからのほうが、妻への想いを素直に言葉にできるようになりました。今日あったことを報告した後で、「愛おしいよ」とか「会いたいよ」「苦労かけたな」なんて、自然に口に出している自分がいます。

どうしてもっと早く、言葉にできなかったのか。

「大丈夫よ、あなたのことは全部わかっているんだから」

写真の中の妻は、今日も僕に微笑んでくれています。

やはり女房には、かなわない。
すべてわかってくれていた。
どこかで見てくれている人は、
亡くしても、なお同志。

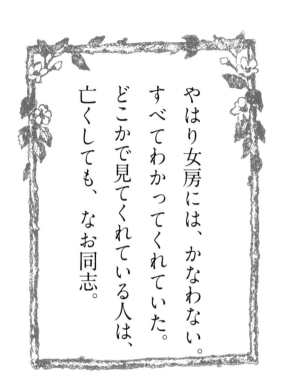

妻よ。僕は、後追い死はしない

妻が逝ってから、僕の食生活は一変しました。彼女が長い間、どれだけ僕の健康に気を遣って、バランスの良い食事を食べさせてくれていたのかが、身に染みてわかるようになりました。僕が30代半ばで、血糖値の高さを指摘されてからは、塩分などしばらく秤で量って料理をしてくれていました。

僕は基本的に家で炊く白いご飯が大好きなんです。

だから、ご飯を自分で炊いて、納豆。あとは、ツナ缶をパカッと開けて熱いご飯の上にのせ醤油をかけてかき込む。それくらいはできるようになりました。

スーパーマーケットも、最近は平気で入れるようになりました。閉店間際の夜8時頃に行くと、ひとりで買い物をしている年配の男性も多くて、「もしかして僕と同じ境遇なのかな？」と、お互い顔を合わせないように下を向いて買い物をします。それが面倒くさくなって、都心のデパ地下に行っていくつかお惣菜を買ってみたこともあります。どのお惣菜も素晴らしくよくできているし、日本の食文化はここまできたか、と驚くばかりでした。しかし、和洋中、何を買って食べても「同じ味」に感じるのはなぜでしょう。だったらやっぱり、失敗してもいいから自炊をしようという気になりました。そのほうが、妻の味を近くに感じることができます。

妻が残していったもののひとつに、ぬか床があります。今は僕が毎朝毎晩、ひっかきまわすようになりました。僕はスイカが大好きなんですが、妻がそうやっていたのを思い出し、食べ終わった後の白いところを四角く切って、ぬか床に入れています。これがなかなか、いい食感になるのです。あとは茄子、きゅうり、ピーマン……おかげで野菜不足を解消できています。そのぬか漬けと、油揚げをトースターで焼いたやつなんかで、つい休みの日などは、朝から呑んでしまうこともあります。ちょっと健康に気を遣って、冷やしたトマトジュースとビールを混ぜたレッドアイなんかを自分で拵えてね。

日光浴しながらそれをベランダで呑んでいると、春はウグイスの鳴き声に包まれます。僕も、ホーホケキョと唇をすぼまして言うと、親だと勘違いした子どものウグイスが4羽、8羽と僕に寄ってくるのです。ホ～、ホ～ホケキョ……。ホケキョ、ホ～。

「パパ！　本当にそっくりよ。もう、私まで勘違いしたわ」

今日も、キッチンから妻の朗らかな声が聴こえてくるようです。

僕は未だに、妻のお骨を、納骨することができずにいます。情けない男でしょう？　いえ、いいんです。これがみのもんたの真実です。

「あなたと一緒にお墓に入りたいわ」と、彼女は元気な頃から言っていました。

だから、彼女が一番好きだった場所、相模湾が一望できるキッチンの窓辺に、妻の愛用していたベージュに紫色の入ったきれいなショールに巻いてお骨を置いています。ときどき、抱きしめています。

「パパ、いつまでそうしているつもり？」と、子どもたちから何度も心配されました。友人から、「そろそろ、前を向かなくちゃダメだよ」と窘《たしな》められたこともあります。だから、「２０１９年の七回忌のときにはちゃんと納骨をするから心配するなよ」、と周囲には話していました。

だけど、なんとなくタイミングを逃しちゃいました。

ここまで来たらもう、夫婦一緒にお墓に入るしかないでしょうね。子どもたちも、もう納骨しろとは言わなくなりました。

「パパは、本当にママのことが好きだったのね」と娘が笑います。

「なんだ。今頃知ったのか」と僕も笑う。すると、妻の笑い声も聞こえてきます。

妻を失った後、すぐに亡くなる夫が多いそうです。ムッシュかまやつさんは、奥さんが亡くなられて数日後。津川雅彦さんは、朝丘雪路さんが亡くなられて3ヵ月後。内田裕也さんは、樹木希林さんが亡くなられて半年後の旅立ちでした。生きる気力を失うほどの喪失感は、そうなった者でないとわかりません。でも、逆のケースはほとんどないみたいですね。

夫の存在ってなんだったのだろう。もうすべてお終いにしたいなという虚無に、何度も襲われました。だけど僕は、妻の後を追いかけて、慌てて逝かないと決めました。人間には、天命があります。命は自分のものであっても、その長さは自分では決められません。神が与えし天命を全うすることが人間の使命です。

だから、僕と同じ立場でこの本を読んでいる人がいたらこうお伝えしたい。

「奥さんはね、天国でも〈亭主元気で留守がいい〉と思っています。だから、追いかけて行っちゃだめですよ。まだまだ生きましょうよ」

天命は、自分で決める
ものではない。
人間はただ、その天命を
全うするのが使命。

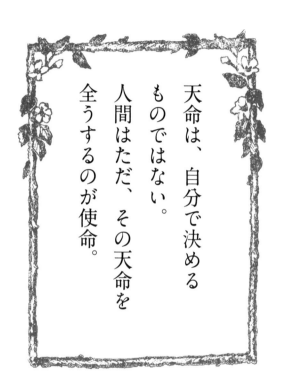

第三章　終活なんか、するもんか

天命は、恋をしながら待つ

人間には天命がある。どんなにジタバタしても、お迎えがくるときはくる。だから僕は、今までどんなに辛かったときも、そして今回、妻に先立たれたときも、自殺という選択肢だけは考えませんでした。

コロナ禍によって、自殺者が増えているというニュースを聞くと、本当に胸が痛みます。家族を失った人、仕事を失った人、恋人を失った人。人間を絶望に追い込むものは、いつだって喪失感なのです。酒を呑んでいても、美味しい料理を食べていても、失ったものを考えるとふっと悲しみがこみあげてきて、味がわからなくなってしまいます。そうすると、ああ、もう生きていたってしょうがないのかな、という気持ちになる。そこまではよくわかります。

だけど、自殺というのは、そう簡単な話ではありません。僕の周囲を見てきても、哀しいかな、この選択をしてしまった人は、几帳面で生真面目な人ばかりでした。だから、もっといい加減に生きてみなさいよ、と言いたいですね。

喪失感にはたったひとつだけ、いい薬があるのです。それは、精神薬でも睡眠薬でもありません。そう、時間です。

すべての悲しみを癒すのは「時薬（ときぐすり）」です。

時間だけが、人間を喪失感から回復させます。妻は闘病中、築地の国立がん研究センター中央病院に入院していました。『朝ズバッ！』『サタズバッ！』の生放送が終わると、その日の新聞を持って、築地に通うのが日課でした。妻がベッドで晩飯を食べるのを見計らって、「じゃあ帰るね」と夜の9時頃に病院を後にしました。

後ろ髪引かれる思いで車に乗った日々。レインボーブリッジに差し掛かるとき、車窓越しにがん研の建物、妻の病室のある11階あたりを見上げながら、「どうか助けてくれ」と祈っていました。だから、妻を失ってしばらくは、レインボーブリッジを通ることさえ僕には苦痛でした。辛い日々を思い出し、胸が苦しくなった。

しかし今は、それさえも妻との想い出として、穏やかな気持ちでレインボーブリッジを渡ることができるようになりました。

三回忌を過ぎたあたりから、周囲からは「そろそろ再婚したらどう？」と言われるようになりました。まあ、それも悪くないだろうとは思います。きっと妻も、「そのほうが私も安心だわ」と背中を押してくれることでしょう。

そして、妻の七回忌を過ぎた頃より、縁あって、大変僕によくしてくれる素敵な女性とときどき食事デートを楽しんでいます。

自宅で妻の面影と語り合う時間も、外で彼女と食事をする時間も、どちらも今の僕には生きるために必要不可欠な時間です。週刊誌には、「みのもんた、老いらくの恋！」なんて記事を書かれましたが。なんと失礼な話でしょう。悔しかったら、あなたもガールフレンドを探しなさいよ、と言いたいです。有名人だからすぐに女性がついてくるんだろ？　なんて侮っちゃいけませんよ。女性は、優しい男性が好きなのです。僕はこう見えて、とても女性に優しい。だからモテるのです（笑）。

生きている限りは、幾つになっても好きな異性ができて当然です。

恋とは、生きるエネルギーそのもの。それがプラトニックでもいいのです。

僕が大好きでコレクションしている腕時計も、ときどき磨いてやらないとすぐにくすんで輝きを失ってしまいます。人間の魂とて同じ。ときどきは、「恋心」という布で磨かなければ、艶を失い錆びつくのです。だけど、妻が家具から絨毯まですべて誂《あつら》えた鎌倉の家で別の女性と暮らすということだけは、想像できないのです。相手の女性だって、妻が選んだものに囲まれて日々を暮らすのは、さすがに息苦しいのではないでしょうか。そうであれば、鎌倉の家は、妻の思い出とともにしっかりと僕が守りながら、都内でデートをするというライフスタイルが僕には合っている。

妻とその彼女を比べること？　いいえ、そんなことは絶対にしません。僕はそんな無粋な男ではないのです。妻には妻の、その彼女にはその彼女の良さがあります。僕は今までお付き合いしてきた女性を、他の女性と比べたことなど一度もありませんでした。しかも、今の彼女とはたいぶ歳が離れています。これまで見てきたものや、育ってきた環境がまったく違うから、お喋りしていてもいい刺激になるのです。彼女もそう感じてくれているようです。クロスワードパズルをやるよりも、好きな女性と、お酒と会話を楽しむことで脳が活性化します。やっぱり飯は、誰かと食べるほうがいいですね。異性の友達ならば尚いいです。

歳をとったら、セックスの相性よりも食事の相性が大事です。気になる人がいたら、まずは素直に「ちょっとお茶しませんか」と声をかけてみてください。待ってちゃダメです。自分からいきましょう。

「終活」は心が萎《な》える。やるべきは「生前整理」

最近、雑誌のインタビューで、「みのさん、終活されていますか？」と質問されることが多くなりました。「よけいなお世話だよ！」と言いたいのをグッと堪えて（笑）、「なんでそんなこと訊くの？」と若い記者に問うと、「読者の一番の興味はそこにあります。終活ビジネスが真っ盛りですからねぇ」としれっと答える。終活ビジネスが人気とは……寂しい時代になったなぁと思います。

僕は戦争真っただ中の、昭和19年生まれです。先にも書いたように、親父に召集令状が来て、万歳三唱で出征した後で、おふくろは僕を自宅で生みました。僕の兄はたった2歳で亡くなっています。僕には直接的な戦争の記憶はありません。

それでも、空襲の焼け跡が至る所に残っていたのも、進駐軍のジープが我が物顔で走っていたのにも、幼心に恐怖感を抱きました。あの当時、「ただ生きている」ということがどれだけ奇跡的なことだったか、両親から繰り返し聞かされました。だから、生きているうちに「終活、終活」と死ぬことばかりを考えるなんて、若くして亡くなっていかれた人たちにどこか罰当たりな気持ちになってしまうのは僕だけではないはずです。命からがら戦禍をくぐり抜けてきた人は、誰も終活なんてしていないはずです。死ぬ準備をするために、僕たちは命をいただいたわけではないのですから。こう言うと、「だけど、何も死の準備をしないで旅立つと、残された人たちが困りますよ」と反論されます。

それはそうです。だから僕は、この本を書いていて、ふと思いました。

「終活」と「生前整理」を分けて考えられないものかと。

あくまで僕のイメージではありますが、「終活」というと、文字通り、終わるための活動ですから、心が「死」に向かって歩き出す、生きるエネルギーを奪われてしまうような日々が待ち受けているように感じます。
一方、「生前整理」といえば、それはあくまで、事務的で、物理的な活動に過ぎない。子どもたちに迷惑をかけないように、お金やものを片付けていくだけの、限定的な作業のように思えます。

そう考えるのであれば……ハイ、僕はとても前向きに「生前整理」は行っています。妻は見事な生前整理をしてくれていました。僕がまったく気がつかないところで、洋服のひとつひとつ、鞄のひとつひとつに、「これは○○さんに」と付箋をつけていたのですから、頭が下がります。たった一年のあいだに、あそこまでスッキリと片付けて旅立ったのは、何よりも、僕と子どもたちが困らないようにという想いだけだったでしょう。僕が何ひとつ、妻のものを捨てられないだろうということは、妻が一番わかっていたのでしょうね。どういうわけか、どこの夫婦も、妻より夫のほうが思い出の品を捨てられないようです。

それならば、残された僕も同じように、子どもには迷惑をかけないようにしないと……妻の三回忌が終わった頃から、そう思うようになりました。

仕事の思い出は、酒を呑んで記憶の中から消却することにしました。でも、溜まりに溜まった、僕が出演した番組のビデオテープやカセットテープ、DJ時代にかけた懐かしのレコード、それからアルバムの数々。我が家の一室は、まるで小さな図書館のよう。アルバムの重さで床が軋《きし》むようです。

ある人からは、それらの写真をすべてスキャナーという機械に取り込んで、デジタル化をすればいいと言われました。ビデオテープもDVDに記録し直せばコンパクトになりますよと。なるほど、それは便利だな、そういう手があるのかと感心もしましたが、すぐに、いや、待てよと立ち止まりました。

デジタル化するということは、ほぼ永久的に、僕の厖大《ぼうだい》なこの仕事の記録が残るわけですが、一体そんなことをして、誰のためになるのかと思い直したのです。

僕は長年、司会者として、その時々の「ナマモノ」の情報を扱ってきました。

そのナマモノを未来永劫保存したところで、それは、僕の伝えたかったことではないだろうと。それなのに、ただ、「自分がいなくなった後も自分の記録を残したい」というのは、ただのエゴイズムではなかろうか？　中には、〈みのもんた記念館〉を建てたらいいじゃないか、と言う人もいました。しかし僕は、○○記念館というのがあまり好みではありません。死んで10年くらいは、奇特なファンの人が訪ねて来てくれるかもしれない。だけど、その後はやっぱり誰かが始末しないといけませんから。

悩んだ末、僕は行動に移しました。庭に焼却炉《しょうきゃくろ》を購入したのです。

「終活、終活」と、何が
楽しいのか。
それなら「生前整理」に
しましょうよ。

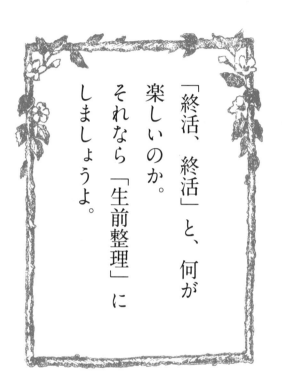

呑んで、燃やして、捨てる。そしてまた次のステージへ

かくして、僕の家の庭に、焼却炉がやってきました。もちろん、ごみ処分場のような巨大なものではなく、あくまで家庭用の小さなものです。

「ええ？　家に焼却炉？」と驚く人もいるようですが、昔の家では、焼却炉は珍しくありませんでした。今のように、なんでもかんでも、ごみ収集車が持って行ってくれる時代ではなかったですから。

草むしりした後の草や小枝、落ち葉や古新聞なんかは家で燃やしていました。そこに一緒に、アルミホイルで包んださつま芋や、じゃが芋、栗を焼いて、掃除の後に皆で食べたりしてね。そのほくほくして美味かったこと！　電子レンジに入れるより、よほど美味いものですよ。

写真、アルバム、手紙類、僕のことが書かれた週刊誌や新聞は、すべて燃やすことにしました。子どもが写っているものはそれぞれ、子どもに渡しました。

「お孫さんが大人になったとき、みのさんの往年の活躍がわかるものを残しておいたほうがいいよ」と言ってくださった人もいます。だけど孫たちには、かつての僕ではなくて、今の僕、〝じいじ〟の僕だけを、記憶に留めておいてほしいと思っています。

最後に残ったのは、大事な仕事で撮影したものと、僕の両親の写真や、妻との写真。それぞれの人生が込められています。たった一枚の写真から、膨大な思い出が次から次へと蘇ってくるのですから、人間の記憶とはすごいものです。

自分の手で一枚一枚、アルバムからセピア色になった写真をはがして、「ああ、このときの俺は何を考えていたんだろうなあ」なんて思いを馳せながら、「さようなら」と別れを告げて、炎の中に入れていく。閉じ込められていた時間は、ものの数秒でひらひらと熱に溶けていきます。
僕と妻の時間が、焼却炉の細い煙突から白い煙になって空へと昇っていくのを見るのも、悪くありません。その白い煙と、妻が最期にニューヨークで購入した、バーチフィールドの絵の世界が重なっていきました。

炎というのは、人間の精神に、実に不思議な作用をするものです。赤々と燃える火のゆらぎを見ているだけで、心が落ち着いてきます。

茶の湯には、「和敬静寂《わけいせいじゃく》」という言葉があります。千利休が、「一期一会」と同じく、茶の湯の根本精神を要約してできたものだといわれています。
「和」同じ仏性を持つものとして、お互いに認め合うこと

「敬」　人間の尊厳性を敬うこと
「静」　心身の汚れから離れて清浄を保つこと
「寂」　無執着の境地に身を落ち着けること
炎を見ることにも、これと同じ精神が隠れていることに気がつきました。思い出の品を焼却炉で燃やすことで、モノを整理するのと同時に、僕の心も整理されて、気持ちにゆとりが生まれ、「よし、次の未来に歩いて行こう」と前向きな気持ちになれたのです。どこか晴れ晴れとしました。

そして現在は、焼却炉は危険なので、シュレッダーに変えました。

77歳という年齢を契機に、親父から継いだ家業であるニッコクの社長も退任することにしました。事業継承というのは、規模の小さな会社であるほど揉めるものなんです。それは、どの業界も同じです。特にうちの場合は、息子ふたりがまだ若造なので、社長に就ける年齢ではありません。別の者が会社を担い、身内が社長適齢期の60歳近くなった段階で、会社が認めて、本人たちにもやる気があれば、社長に就任できる道筋を整えておかなければならないと考えています。

うちには子どもが3人、孫が8人いるけれど、残されたモノで争ってほしくないのです。それは妻がもっとも望んでいなかったことでもあるからです。

人間、欲がなければ生きてはいけませんが、身内のあいだで出す欲には、いい結果は待っていません。だからこそ、争いごとになりそうな種は、生きているうちにすべて整理するなり、寄付をすること。それが、最後に残された親の責任のような気がしています。そういえば妻も生前、東日本大震災があったときに、ためらいもせずに大金を寄付したことがありました。いざというときに、思い切りのいい人でした。

こうして細々とですが、我が家の思い出の品は少しずつなくなりました。

ただ、どうしても捨てられないものがありました。息子と娘たち、孫たちが幼い頃にクレヨンや色えんぴつで描いた絵の数々です。これだけは、妻は一枚も捨てずに取ってありました。

そこで、我が家のガレージの壁に、一枚一枚額に入れてぐるりと飾ることにしました。まるで小さな美術館のようで気に入っています。今もときどき、運転できなくなった愛車に乗り込み、ガレージでひとり絵を見渡しながら静かな時間を過ごすのが好きです。

「葬式」は、やらないと決めた

妻の葬式のとき、交通の便もよくないのに、我が家のある鎌倉山まで大勢の人が来てくださいました。自宅でしめやかに、と思っていたのですが、気づけば400人もの方が、お忙しい中参列してくださった。

コロナ禍の今から考えると、あのときはなんと幸せだったことかと思います。

今は、葬式をすること自体が密になるからと、親しい人との最後のお別れもままなりません。万が一、コロナで亡くなってしまった場合は、どんなに立派で著名な方でも、病院から防御用のビニールに包まれてそのまま、火葬場に直行だとか。ご遺体に触れることさえ、許されないのです。なんともやりきれません。早く国民全員のワクチン接種が済んで、元の世界に戻るようにと祈るばかりです。

かくいう僕は、コロナ禍になる前から、自分の葬式はやらないと決めていました。妻の葬式にあれだけ多くの方が来てくださったのだから、僕はもういいよ、充分だという気持ちです。おふくろも、親父も、妻も盛大にできたから、僕はもう、自分の番がくる前に満足してしまったのかもしれません。

僕の葬儀は、子どもと孫、身内だけで十分。納骨までは、公にしないで済ませてもらい、その後に「呑もう会」をやってもらえたら幸せです。

酒とともに生きた人生だから、酒とともに見送ってほしい。

それが、僕の遺言です。

だから「お別れ会」ではなくて、倒れるまで呑む会。「みのの弔いなんだから、中途半端に呑むヤツは帰ってくれよ」という会です。

もちろん参加は自由です。通りがかりの人でもかまいません。喪服なんか着ないで好きな恰好でふらっと来て、気が済むまで呑んで、僕の話で笑ってくれたら最高です。

今、僕の自宅のワインセラーにあるワインも、そのときに全部開けてほしいと思っています。お世話になった銀座のお姐さんたちにも来てほしいから、日曜日の昼間なんかがいいかもしれない。

しめっぽくなるのは嫌だから、そう、『プロ野球珍プレー好プレー大賞』をずっと流しておくというのはどうでしょうか。気がつけば、僕の話なんかそっちのけで、プロ野球談議に花が咲いているというのもまた、悪くないんじゃないでしょうか。

もちろん、香典も会費も一切不要。妻の葬儀のときの香典は、僕が3ヵ所に寄付をさせていただきました。

もしも僕のときも、それでもどうしても……と香典を置いていく人がいたなら、それは、必ず寄付をするようにと言い残しておきます。


だけど、この「呑もう会」は、もう少し先であってほしい。人間には天命があると先ほど書きましたが、僕は、自分の天命はなんとなく92歳だと感じているのです。親父・御法川正男は86歳までニッコクで働き、92歳で逝きました。

「日本は中小企業が支えているというけれど、その下には、うちみたいに何の保証もない零細企業がたくさんあって、生き残るには、努力と意地と技術しかないんだ」

というのが、親父の口ぐせでした。

努力と意地と技術——これは、組織はもちろんのこと、人間ひとりひとりが生き残るのにも必要な要素だと思います。

僕は、親父の年齢まで生きることが、最後にできる親孝行かなとも思っています。努力と意地と技術、そして酒、女性。この5つを忘れずに、僕は、80代、90代という新しいステージを見てみたいのです。


「朝が来た　新しい朝だ　自分のための朝だ」


これは、親父が最期に僕に遺してくれた言葉です。いい言葉でしょう？　ニッコクの標語として、事務所に飾ってあります。

たとえ幾つになっても、目が覚めたときに、「よし、新しい朝が来た！　今日も精一杯生きてやろう」と、今日という日に感謝し続けたい。

力尽きて死ぬその朝まで、「自分のための朝」を大切にしたいのです。

しめっぽい葬式なんか
したくない。
パアッと呑んで、呑んで、
呑み明かしてほしい。

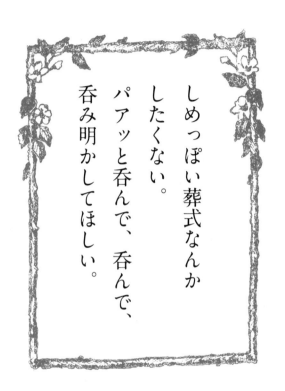

「暑い」「寒い」「疲れた」「忙しい」は言わない

天命を全うすると言えど、寝たきりで人生を過ごすのか、最後まで元気で棺桶に自分の足で入るのかで、人生の総決算はまったく違うものになってしまいます。

昨今は、「健康寿命」という言葉をよく聞くようになりました。

「平均寿命」と「健康寿命」は、似たような言葉ですが、どう違うのでしょうか。平均寿命とは、「その年に生まれた子どもが何年生きられるかを推計した数値」であり、健康寿命とは、「健康上の問題で、日常生活が制限されることなく生活できる期間」のことをいいます。

日本人の平均寿命は、男性が79・55歳、女性が86・30歳。

一方で健康寿命は、男性が70・42歳、女性が73・62歳とのことで、男性は9・

13年、女性は12・68年も差があることになります。

僕は、昔から独自の健康のバロメーターを持っています。それは、「暑い」「寒い」「疲れた」「忙しい」の4つの言葉。この4つを言わないようにしながら仕事をしてきました。だって、言ったって仕方がないじゃないですか。

そうはいっても、つい、口をついて出そうになるときがある。そのときは、「今日、体調が悪いなあ。呑みに行くのはやめようか」となる。もしくは、運動したり、旅行をしたりするなどして、ストレスを発散する方向にもっていきます。

これを言ったときは、自分の体調が悪いときだというバロメーター、皆さんにもきっとあるはずです。

さらに、歳を重ねれば重ねるほど大切になるのは、ポジティブシンキングです。

僕は、ハードなこと、嫌なことが待ち構えているときは、
「でもこれを乗り越えたらどんなに楽しいことが待っているだろう！」
と楽しいことばかり想像して、自分のモチベーションを上げることにしています。すると、苦手なことや嫌なことも、わりとスムーズにクリアできるようになります。その昔、TBSの入社試験に僕が落ちて、久米宏君が採用されたときも、「TBSは背が高い人のほうがよかったのかな。それなら俺の責任じゃないからしょうがないや」なんて、あんまり落ち込まなかった記憶があります。

これは、母親の教育の賜物かもしれません。

母のキン子は、僕が学校で失敗したときや先生に叱られたときは、必ずこう言って励ましてくれました。

「何をしょげているの！　法男はすごい才能を持っているのよ」

歳をとったら、誰もノセてくれなくなりますから、自分で自分をノセて頑張る

しかありません。

「暑い」「寒い」「疲れた」「忙しい」と口をついて出そうになったら、「何を言ってるんだ？　こんなのたいしたことないよ」と自分で自分を励ますのです。


僕には数年前から、パーキンソン病の症状が出てきました。

昨年（2020年）、週刊文春が「みのもんた、パーキンソン病を告白！」なんて大々的に記事にされたものですから、多くの方々にご心配をいただきましたが、この病気は「告白！」なんていうほど大げさな病気ではありません。

歳をとれば一定数の人がなるとても一般的な病気なので、製薬会社も日進月歩でいい薬を作り始めています。どんな症状が出るかといえば、通常よりも少し手足がこわばり、筋肉の衰えが速くなっていくのです。

確かに僕も歩くことや、お喋りするなど日常的な動作が、少しスローペースになってきました。もっともその症状が顕著に表れるのは、朝、起きたときです。ベッドから起き上がる際、寝返りをうつのがちょっと辛いんです。

当初は、なんでこんな簡単な動作ができなくなったんだ？　と焦りも苛立ちもしました。鬱々となった日もあります。

しかし、もう慣れました。薬も効いています。どんなにいい自動車だって、75年も走ればどこかが故障して、修理をしながら乗るものでしょう。そんなときは、先のおふくろの言葉が聴こえてきます。「法男、何をしょげているの！」と。これくらいで落ち込んでどうするんだ、今までもっと大変なことが山ほどあっただろうと自分を励まして、僕は今日も起き上がります。

今日が人生で一番若い日じゃないか。新しい朝が来るたびに、新しい気持ちになるのです。

自分自身の健康の
バロメーターを持ち、
ただ長生きするだけでなく、
健康寿命を全うしたい。

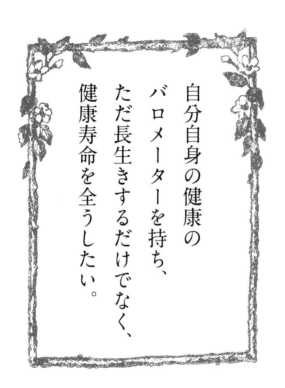

70歳過ぎたら、人の名前が出てこないのは当たり前！

かくいう僕も、70歳を過ぎたあたりで少しずつ自分の「老い」を実感するようになり、戸惑いの日々の中にいました。

あれは3年ほど前でしょうか。

正月に、孫が8人一気に遊びに来たのですが、ふだんはそんな大勢で来たことがないから、孫たちの顔と名前が一致しない。

じーっと顔を見れば思い出せるのかなと思ったんだけど、みんな僕の孫だから、顔もよく似ています。結局、「ほら、ちょっとそこのお嬢ちゃん」なんて呼びかけちゃって、「じいじ！　私の名前、忘れたの？」なんて怒られる始末。嫌われたくなくて、つい、お年玉をよけいにあげちゃいました(笑)。

孫の話ならば笑って済みますが、番組の本番中も、昔の俳優さんの名前が出てこないようになりました。「ええとほら、あの人だよ、あの人!」とすぐそこまで出てくるのに、もどかしいものです。昔は、映画のタイトルを言われたら、監督は誰で、俳優は誰と誰と誰が出ていて、こんなストーリーだったよと瞬間的に全部思い出して言えたのに、今は、思い出すまで大変な時間を要するようになりました。間違えることも増えました。視聴者もよく観ているもので、みのさん、ひょっとして認知症? なんて言われると、やっぱり落ち込むものです。だから、なるべく固有名詞は言わないでトークをしようと考えたこともありました。だけどそうすると、遠慮がちになってしまい、ますます言葉が出なくなる。悪循環だったのです。

そんなあるとき、雑誌の対談で、脳神経外科のお医者さんと対談することがあったので、名前が出てこなくて不安だと相談したことがあったのです。その先生は、笑ってこう言ってくれました。

「みのさん、名前がとっさに出てこないくらいは、正常の範囲です。病気ではありません。単なる老化ですよ。私たち医師が認知症と判断するのは、病的な物忘れが起きている場合です。昨日食べた晩御飯のメニューを忘れるのは、老化です。晩御飯を食べたこと自体を忘れるのは、認知症だといわれています」

この言葉を聞いて、なんだ、ただの老化かと妙に安心をしました。

人の名前が出てこないのは、「海馬」という長期記憶を保存する脳の部位が、加齢とともに機能低下して起こるものなのだそうです。それはそれでいいじゃないか、と最近は思えるようになりました。

名前がわからなかったら、「失礼ですが、あなたの名前はなんでしたっけ？」

と聞けばいいんです。

それで怒るような人とは、そもそもお付き合いをしなければいいんですから。それがテレビの収録であっても、「ああ、あのみのもんたさえも、咄嗟《とっさ》に名前が出てこない年齢になったのか。私と一緒じゃない」と視聴者の皆さんに思われて、安心していただけたら、それはそれでいいことなんじゃないでしょうか。


今までのテレビは、何もかも完璧を求められました。

だけど超高齢社会の今はもう、そういう時代ではありません。

「あれ」「それ」「どなた」だらけの情報番組があってもいいと思います。病院の待合室で収録するのも面白いかもしれません。テレビドラマだって、もっと高齢者が主役になるものを作ればいいのです。ちょっと前に、倉本聰さんがシニア向けドラマとして『やすらぎの郷』という脚本を書いて、大ヒットしました。70

代、80代が夢中で観たと聞きました。

今まで高齢者が主役のドラマといえば、嫁がどうした、姑がどうした、はたまた病気だ、ボケた、という物悲しいテーマのものばかりでしたが、『やすらぎの郷』は、石坂浩二さんを主役にきちんと大人の恋愛と友情を描いていました。恋も友情も、遠い日の花火ばかりではないと倉本さんは教えてくれたのです。そういうテーマのほうが、今はよほどリアリティーがあります。

これからは、高齢者の時代です。

人口の中で一番層が厚いのですから、僕たちの意見が経済を回していくことになります。多少名前が出てこないくらいで、もう仕事を辞めたほうがいいのかなんて、落ち込むことはないのです。

僕も、次に司会をやるならば、80代、90代のお嬢さんたちとトークができる番組をやってみたいですね。絶対に面白いですよ。

最終章　老兵は、黙って去るな！

――これからの日本を想う

あれは1964（昭和39）年、僕が大学2年生のときのことです。学費を稼ぐため、僕はその年の瀬、大井町の阪急デパートの地下食料品街にあった今川焼屋でアルバイトをしていました。12月30日と大みそかは、閉店時間を設けずに、お客さんがいなくなるまで営業を続けようというのが、そのデパートの方針でした。

大晦日の夜。紅白歌合戦が始まっても、客足は途絶えませんでした。僕のバイト先の今川焼屋では、師走は特別に、正月用の切り餅も売ります。

「切り餅1個ちょうだい！」「こっちは2個おくれ！」

10個単位で買っていく人はほとんどおらず、どのお客さんも、1個か、2個。代金を受け取るとき、何気なくその人たちの手を見ると、どの手も真っ黒に汚れていました。大井町は、明治から工場で発展した街で、東芝の前身、東京芝浦電気や国鉄の車両工場があって、年末年始も関係なく稼働をしていたのです。1個、2個と餅を買っていくのは、正月も故郷に帰らず、そこで働く工員さんたちだったのです。

その2ヵ月前、東京オリンピックがありました。オリンピック景気によって、東京の景色は一変しました。東海道新幹線や、首都高速道路、国立競技場などが整備され、多くの家庭にテレビが普及しました。１９６０年に、池田勇人内閣は、〈所得倍増計画〉を打ち出して、日本人の生活基準を、１９７０年までに西欧並みにすると断言していたのです。オリンピック閉幕とともに、「好景気は終わった」といわれましたが、それでもこの年の師走は、街には格別の活気があって、東京はこれを機にまだまだ発展するのだろうという期待が、誰の胸にもありました。

1個、2個と切り餅を求めるお客さんの声が少し途切れ出した頃、何も言わずに切り餅を指差した若い女性がいました。その指も、煤《すす》で汚れていました。

「お客さん、何個？」

僕が訊いても、答えません。そのかわり、僕の目を見て小首を傾げる。ああ、耳が聞こえないのだと気づきました。僕は、紙袋を左手に持つと、彼女にわかるようにゆっくりと餅を袋に詰めていきました。

「1個、2個、3個、4個、5個、6個……」

彼女は、それが自分のためだとわかると、慌てて首を振り、身振りで（そんなお金はありません！）と僕に訴えかけました。

「いいんです。僕からのお年玉です！」

そう言って僕は、はちきれそうな紙袋を彼女に強引に差し出しました。餅の袋は、何度か僕と彼女の手と手を往復した後、ようやく彼女は困惑した表情から笑顔に変わり、嬉しそうに笑うとそれを受け取ってくれました。

何度も振り返り、何度も僕に頭を下げてデパートを出て行く彼女の後ろ姿を思い出しながら、僕は寒い夜道を歩いていました。

それぞれの家から、紅白歌合戦の歌声が聞こえてきます。ボニージャックスの

『幸せなら手を叩こう』にあわせて、どこからか、子どもが手を叩いてはしゃぐ声が届きます。大晦日は、テレビで紅白歌合戦を観て一家団らんか、まあ、貧乏学生の僕には縁のない話だよなぁと、かじかんだ手をこすりました……まさか、それから40年後に、自分がその紅白歌合戦の司会を務めることになろうとは（しかもヘルニアの腰を心配しながらネ）、当時の法男少年が知る由もありません。

耳の聴こえない彼女は、東京オリンピックを楽しめたのだろうか。耳や目が不自由な人、障がいを持っている人たちは、オリンピックをどんな気持ちで見ていたのだろう。彼女たちを置いてきぼりにしてバカ騒ぎをしていたとしたら、なんだか偲びないな——除夜の鐘が鳴り、1964年が終わろうとしていました。今でも除夜の鐘を聞くたびに、彼女の後ろ姿を思い出します。

＊

さて、ここからは老人の戯言《たわごと》と聞こえるかもしれません。だけど、２０２１年という年に本を出すうえでは、僕はどうしてもこのことを書かずにいられません。今、読者の皆さんがこれを読んでいるとき、果たして東京オリンピックが開催されているのかどうか――。開催されているとしたら、それは成功に終わったのかどうか――。わからないまま筆を進めます。

アジア初の東京オリンピックは、実は１９６４年よりも前、１９４０（昭和15）年に開催されるはずでした。しかし、第二次世界大戦の勃発によって、オリンピックは中断を余儀なくされ、大会は幻と消えました。その幻の東京オリンピックのメイン会場は、明治神宮前外苑競技場。それが１９６４年のオリンピックスタジアム（国立霞ヶ丘陸上競技場）に生まれ変わったのです。

この競技場は、戦時中、学徒出陣で戦地に赴く大学生たちの壮行会が行われた場所です。1943（昭和18）年、戦局の悪化によって徴兵猶予を停止された、首都圏77校の男子学生約2万5000人が戦地へと送られることとなりました。壮行会の模様はフィルムにも記録されており、その映像は戦争の悲惨さを語るとき、必ずといっていいほど繰り返しテレビでも流されました。

脛《すね》にゲートルを巻いた学生服の学生たちが銃を右肩に担ぎ、雨に打たれ、ぬかるみの中を泥だらけになりながらも、顔を拭うこともせずに整然と行進していきます。観客席では、その家族や女子学生たちがそれぞれに愛しい人の名前を叫び、旗を振っています。それでも学徒出陣の生徒たちは誰ひとり——本当に誰ひとり、観客席を見上げる者はいませんでした。

あのとき、学生たちが手にしていた銃の大半は「木銃」だったといいます。つまり、出陣などと勇ましいのは掛け声だけで、実際は武器にも事欠くようなジリ貧の状況だったのです。それを百も承知で学生に向かって演説をする東条英機首相の映像には、今見ても僕は、怒りを覚えます。

まともな武器ひとつ与えられず戦地へ送られた学徒兵は総数13万人。その多くは帰らぬ人となりました。

その21年後の1964年10月10日。かつて同じその場所で、死を覚悟した若者たちの絶望の行進が繰り広げられていたという事実を、開会式のスタンドでいったいどれだけの人が思い返したでしょうか。僕も、当時はそんなことは思いもしなかった。

*

〈世界中の晴れを全部東京に持ってきてしまったような、素晴らしい秋晴れでございます〉

ＮＨＫアナウンサー、北出清五郎さんの名文句は、今聞いても惚れ惚れします。前日の激しい雨から一転。大げさでなく、あの日の神宮上空は、天の采配を信じたくなるほどの美しい青空が広がっていました。

国立霞ヶ丘陸上競技場のスタンドには、７万４５３４人の観客。僕も、そのうちのひとりでした。どういう経緯で、まだ学生だった僕が開会式のチケットを入手できたのか、誰とその場にいたのかも思い出せません。しかし、日本選手団の真っ赤なユニフォーム。そして、自分と同世代の早稲田大学一年生の坂井義則君が、最終聖火ランナーとして競技場を走り抜けた場面は、フルカラーで僕の脳裏に焼きついています。

午後3時9分30秒。突き抜けるような青空のもと、赤々と燃える聖火が点火された瞬間、日本は、戦後復興のひとつの到達点を迎えたことは間違いありません。観客席にいた7万４５３４人のうちのひとり、二十歳の僕は興奮し希望で震えていました。なんだか自分までもが、とてつもない力を手に入れたような気がしたのです。

しかし、翌日からはまた、学費を稼ぐためアルバイトに明け暮れる日々が待っていました。日本は変わる、変わると言っているけれど、僕はなんにも変わらないじゃないかと思いながら、今川焼を売り続けました。

学徒出陣の経緯を詳しく知ったのは、その後のことだったと思います。東京オリンピックを契機にして、戦争は忘れ去られてしまうのだろうか……当時の浮ついた風潮に、僕は日に日に同調できなくなりました。そしてこんなことを想いました。

世の中とは「戦争」と「平和」、「天国」と「地獄」が表裏一体だ。

いわんや、今回の東京五輪では——。とにもかくにも、動き出したら止められないのがオリンピックです。ここまで書いてきたように、僕は、オリンピックというものを、ポジティブな感情だけでは受け止めていません。

しかし、オリンピック・パラリンピックに関して、ひとつだけ僕の想いが実を結んだことがありました。2008年の北京大会のときのこと。オリンピックの日本代表選手は皆さん、式典・渡航・開会式入場行進用とそれぞれ用意された「日の丸」のついた揃いのユニフォームを着ているというのに、パラリンピックの選手たちは、そうした揃いの服ではなく、めいめいがバラバラのファッションで参加していました。なんでだろう？　と、僕は疑問に思って調べてみたのです。すると、驚くべきことがわかりました。

当時、オリンピック選手には文部科学省の予算で全員に制服が支給されていたのに、パラリンピック選手は厚生労働省の管轄であるため、予算が取れずに制服が支給されていなかったのです。「ほしい人は自分で買ってください」とアナウンスされていたといいます。

僕は生放送で、「おかしいでしょう？　こんなのは！」と訴えました。すると、番組に出ていたある国会議員から、「国はそんな差別はしない」と反論がありました。

「では先生、お聞きしますが、オリンピックとパラリンピックを管轄しているのは何省ですか？」と訊ねたら、「そ、それはどちらも文部科学省でしょう？」との答え。

こりゃダメだ、と思いました。

同様に、オリンピック選手の壮行会には総理大臣をはじめ国会議員がこぞって出席するのに、パラリンピックには政治家はほとんど足を運んでいないこともわかりました。そこで僕は、プロデューサーと相談し、『朝ズバッ！』の番組内で、パラリンピックのコーナーを設けて応援キャンペーンを行うことにしました。それまで、どのテレビ局もパラリンピックの特集など組んではいませんでした。オリンピックとパラリンピックの垣根をなくそうと、僕は必死でした。

すると視聴者からは、想像以上の反響があり、追随するようにして他のメディアも取り上げ始めたのです。

その反響を無視できなくなったのか、まもなく国は、ユニフォーム問題を改善。それをきっかけとして、障がい者スポーツ全体への関心が高まっていきます。

さらに、厚生労働省の管轄となっていたパラリンピックは、２０１４（平成26）年に、オリンピックと同じ文部科学省に移行され、従来はオリンピック競技のみを対象としていた施策について、パラリンピック競技も対象にするなど一体化を推進すると宣言。そして２０１５年に、文部科学省内にスポーツ庁が誕生したのです。

微力ながらも、こうした流れを作るお手伝いができたことは、僕にとっても大変意義のある経験でした。

僕は、オリンピック・パラリンピックは、「見えない分断をなくし、全国民に希望を与えるもの」でなければ、意味がないと思っています。

しかしそれらは、見事に忘れ去られて、今があります。

動き出したら、止まらない――。それはまるであの頃と同じ。母が、お国を呪ったと言ったあの頃と。僕は、時代をあの頃に戻さないために、まだまだ黙るつもりはありませんよ。

老兵は、黙って立ち去ることはありません。

未完成で終わってもいい、言いたいことを、言い続ける。

誰かのために、言葉を探して、発し続けること。

「利他の精神」を持って、残りの日々を生き抜くことこそが、「終活」のかわりに僕がやるべきことなのです。死ぬ準備をしている暇は、ありません。

終活なんか、するもんか。

２０２１年　妻の命日に記す

みのもんた　本名・御法川法男（みのりかわのりお）

1944（昭和19）年、東京都生まれ。立教大学経済学部卒業。大学時代に放送研究会に入り、アナウンサーを志す。1976（昭和42）年、文化放送に入社。報道アナウンサーとしてスタートし、スポーツアナウンサーを兼務。その後、転機となった深夜ラジオ放送『セイ！ヤング』がスタート、若者層から大きな支持を得る。1979（昭和54）年、文化放送を退社しフリーとして独立。その後、『プロ野球珍プレー・好プレー大賞』（フジテレビ）で一世を風靡し以降、『午後は○○おもいッきりテレビ』(日本テレビ)、『みのもんたの朝ズバッ！』（TBS）など、各局で数々の番組の司会をこなす。

2006年11月、「1週間で最も長時間テレビの生番組に出演する司会者」としてギネスワールドレコーズに認定。2008年にはその記録を更新した。2020年12月、家業である水道メーター製造・販売会社、株式会社ニッコクの代表取締役会長に就任。

終活なんか、するもんか

2021年6月30日　初版第一刷発行

著者　みのもんた

カバーデザイン　片岡忠彦
本文デザイン　谷敦

発行者　原雅久
発行所　株式会社朝日出版社
http://www.asahipess.com
〒101-0065　千代田区西神田3-3-5
TEL 03-3263-3321　FAX 03-5226-9599

ISBN978-4-255-01246-9

印刷・製本：図書印刷株式会社